智能传播

健康与福祉篇

主　编◎李本乾　李晓静　禹卫华

上海交通大學出版社
SHANGHAI JIAO TONG UNIVERSITY PRESS

内容提要

本书聚焦智能传播领域的健康与福祉问题。人工智能是否促进了健康，提升了人们的幸福感？本书收录的论文在人工智能的大背景下，从多方面进行了探讨，包括媒体共情与倦怠、医患关系、老年群体、运动健身等议题，既有理论思辨内容，也有量化分析技术，为相关研究者从整体上把握智能时代的健康与福祉问题，开启了一扇新窗口。

本书可供新闻传播学及相关学科研究者参考。

图书在版编目(CIP)数据

智能传播. 健康与福祉篇/李本乾，李晓静，禹卫华主编. —上海：上海交通大学出版社，2025.6

ISBN 978-7-313-27938-5

Ⅰ. ①智… Ⅱ. ①李…②李…③禹… Ⅲ. ①传播媒介—研究 Ⅳ. ①G206.2

中国版本图书馆 CIP 数据核字(2022)第 225861 号

智能传播(健康与福祉篇)

ZHINENG CHUANBO (JIANKANG YU FUZHI PIAN)

主　　编：李本乾　李晓静　禹卫华

出版发行：上海交通大学出版社　　地　　址：上海市番禺路 951 号

邮政编码：200030　　电　　话：021-64071208

印　　制：上海万卷印刷股份有限公司　　经　　销：全国新华书店

开　　本：787mm×1092mm　1/16　　印　　张：9

字　　数：191 千字

版　　次：2025 年 6 月第 1 版　　印　　次：2025 年 6 月第 1 次印刷

书　　号：ISBN 978-7-313-27938-5

定　　价：48.00 元

卷 首 语

本书聚焦智能传播领域的健康与福祉问题。人工智能是否促进了健康，提升了人们的幸福感？本书收录的论文在人工智能的大背景下，从多方面进行了探讨，包括媒体共情与倦怠、医患关系、老年群体、运动健身等议题，既有理论思辨内容，也有量化分析技术，为相关研究者从整体上把握智能时代的健康与福祉问题，开启了一扇新窗口。本书可供新闻传播学及相关学科研究者参考。

胡晓娟、高锦合作的《〈人民日报〉微博共情传播效果研究——以“逆行者”文本为例》一文，分析以《人民日报》微博为代表的主流媒体传播效果，探讨共情传播对于受众的影响。

刘强、赵茜合作的《虚拟与现实的隐秘张力——社交媒体倦怠与社会自我效能感交互影响的结构启示》一文，通过对个体社交媒体倦怠与社会自我效能感的交互影响研究透视虚拟世界与现实世界的深刻关系。

王茜、徐苗馨合作的《老年人数字素养对智能媒介设备使用行为的影响研究》一文，运用内容分析法，考察老年人数字素养对智能媒介使用行为的影响。

陈智睿、郭文琛、曾庆香合作的《中国青年学生环境关心与亲环境媒介行为的关系：基于探索性的技术接受模型》一文，基于技术接受模型，采用新生态范式量表(NEP)与社会期望量表(MCSD)考察青年的网络亲环境媒介行为的影响因素。

郑东和、孟艳芳、林秸妮合作的《来华留学生健康类 App 使用对健康行为影响因素研究——基于 TPB 和 SEM 的实证分析》一文，基于计划行为理论考察了来华留学生健康类 App 的使用情况对健康行为的影响。

刘姿君、索士心、李增旭合作的《嵌入与冲突：老年群体“触网”行为的语境、路径与挑战》一文，从数字歧视视角出发，通过扎根理论探索老年人与数字社会的有效信息连接及解决数字信息资源分配不均局面的现实路径。

潘颜、李晓静合作的《冲突还是建设？新医改后主流媒体医患关系报道的内容分析(2010—2020 年)》一文，主要探索了我国主流媒体医患关系新闻报道呈现的内容与形式，比较官方媒体与商业媒体在此议题上的分野，并对我国主流媒体如何在医患关系议题上进行框架建构展开探讨。

秦建茹的《用户正在关闭算法推荐吗——抖音短视频青年用户的算法解码研究》一文，采取深度访谈法基于“编码—解码”理论框架探究用户感知受推荐算法技术影响的程度、路径和面对短视频算法的态度与行为。

冯紫薇的《健身顶流养成记：在线健身信息可见性研究——基于刘畊宏微博话题的

LDA 主题模型与多元回归分析》一文,通过对新浪微博平台“刘畊宏”相关话题的爬取与LDA 主题建模识别,从微博内容话语逻辑中探究刘畊宏在线健身模式获得可见性的全过程,探讨其火爆现象背后的逻辑。

周小丁、孙佳豪合作的《体育媒介化背景下冬奥会在 YouTube 上的议程建构及受众情感演变分析》一文,采集了 YouTube 上的有关冬奥会的视频议题和公众评论,分析同一文化圈层下的东道国体育对外传播报道叙事模式,助力讲好中国故事。

我们希望借由本书的出版,讨论新问题,关注新现象,启发新思考。期盼与各位读者一道,解读智能传播技术的发展及其社会意义,共同思考并创造新背景下新闻传播学及社会科学研究的美好未来。

目　　录

《人民日报》微博共情传播效果研究

——以“逆行者”文本为例[①]

胡晓娟[②]　高　锦[③]

【摘　要】 在重大突发事件中，共情传播作为传播手段具有现实必要性与历史可能性。本文选取《人民日报》微博的“逆行者”文本 2 500 条，采用定量与定性研究相结合的方法，通过问卷调查法分析共情传播对受众的影响。结果发现，在《人民日报》微博共情文本的报道数量方面，整体呈现交替起伏状态；在文本情感导向方面，整体以中性为主，用户共鸣效果较为明显；在报道议题方面，整体及时反映舆论指向，医护人员提供了主要共情文本，且文本共情对个体共情效果明显。目前，在应对突发公共事件时，媒体已经形成较为成熟的应对机制，但仍缺乏足够的共情文本报道。未来应建立相应机制，利用共情传播，凝聚社会力量。

【关键词】 逆行者；共情效果；《人民日报》微博

根据新闻专业主义原则，报道讲求还原事实，不能掺杂感情，因此报道当中的“共情”往往被视为病症。然而，在重大公共事件中，受众需要感情的宣泄口，媒体作为社会公器需要及时跟进事态发展，同时采取共情传播策略，如此可大幅度减少受众焦虑。本文以《人民日报》微博“逆行者”报道文本为例，该文本作为典型性纪实报道，具有鲜明的渗透力，能够引起受众的有效共鸣，达到情绪共情，进而产生亲社会行为，同时增强社会凝聚力。因此，构建共情文本既具有现实必要性，又具有历史可能性。此外，学界对主流媒体报道的研究，主要集中在央视《新闻联播》、《人民日报》微博、国家级媒体短视频生产等方面，亟待进一步深入[1]。《人民日报》作为中央直属新闻机构，其发布的消息具有权威性。衡量微博传播效果的微博传播指数（BCI）显示[2]，在相关微博账号中，《人民日报》官方微博的 BCI 高达 1 739[3]，这充分说明该账号具有广泛的影响力和传播力。通过研究《人民日报》微博的文本内容，本文将其划分为三个时间段，即潜伏期、加速期、成熟期，将受众划分为高共情、普通共情、低共情三类，进一步探究共情文本对不同特质受众的影响，提出聚焦重点事件并持续

① 此文系国家社科基金青年项目“人工智能时代记者的角色定位与价值重构研究”（18CXW008）的阶段性成果。

② 大连理工大学人文与社会科学学部讲师，硕士研究生导师。

③ 大连理工大学人文与社会科学学部硕士研究生。

挖掘、丰富情感表达的语料和明确人物身份等建议,以期为主流媒体报道突发公共事件提供较好的范式。

一、研究方法与研究对象

本研究主要考察《人民日报》微博中的“逆行者”文本对用户的共情效果。运用内容分析法和问卷调查法,采集了2020年1—3月(为期3个月)的样本文本。从报道数量、文本态度、逆行者报道身份特征三方面出发,根据学者谢科范等人提出的突发事件在网络中的生命周期,结合实际样本的时间特点,将其划分为潜伏期、加速期、成熟期三个不同时间段[4],分别探究这三方面在不同时间段对用户态度(点赞量、评论量、转发量)的不同影响及其相关性,深究用户共情效果的影响因素。通过对531名被调查者进行特质共情分组,分析何种因素影响受众共情,从新闻传播的角度解析共情传播在突发公共卫生事件中的效用,同时探究《人民日报》微博中“逆行者”文本的共情效果,为今后《人民日报》微博报道突发公共卫生事件提供建议。

二、《人民日报》微博“逆行者”文本整体概述

研究样本选取了《人民日报》微博从2020年1月1日—2020年3月31日的所有关于“逆行者”的微博,同时以2月11日为界划分研究时段,明确分为前期和后期。选择“逆行者”这一类具有高度共情的报道,能够在公众心理和行为上产生更强烈的媒体效应。因此,本文抓取《人民日报》微博中关于“逆行者”的报道数量、报道态度和报道人物身份,研究其对用户态度和行为的改变,对今后研究微博共情效果具有一定的示范意义。

1. 报道数量交替起伏,逆行者关注持续上升

笔者通过采集器爬取“逆行者”报道,获取2020年1月1日—3月31日的报道数据,《人民日报》微博共计发布2 500条文本,公共事件报道文本为2 060条,占比82.4%,“逆行者”相关报道达到1 582条。

在选取时间跨度范围内,利用Tableau分别绘制1—3月总体关于“逆行者”文本报道趋势,如图1所示。

根据图1,能够发现“逆行者”文本的报道数量在1月16日迎来了峰值,同时在3个月当中交替迎来了10个峰值,在此期间受众对“逆行者”关注程度也交替起伏。根据报道趋势图同时绘制受众对“逆行者”文本的态度(点赞量、评论量、转发量)量,如图2所示。在3个月中,文本发布量共达1 582条。以态度文本点赞量为用户共情统计指标,点赞量、评论量、转发量的均值分别为67 121、3 313、4 570。同时,受众对“逆行者”文本的态度也跟随文本报道数量呈现交替起伏的状态。其中,最为明显的是点赞量,共出现10次峰值,评论量出现8次高峰,而转发量表现得较不明显,仅出现3次峰值。

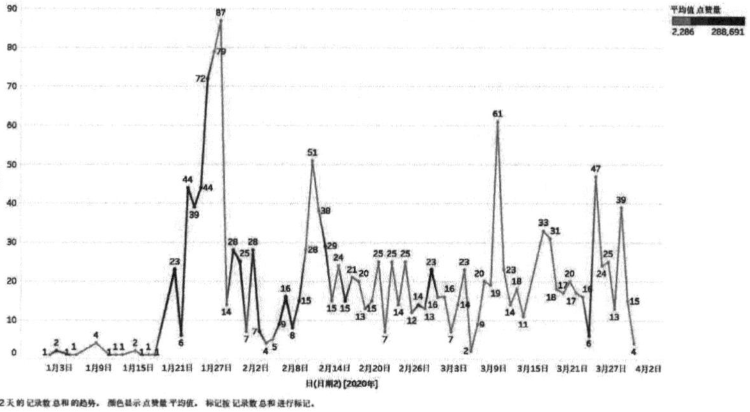

图 1 “逆行者”文本量发布趋势图

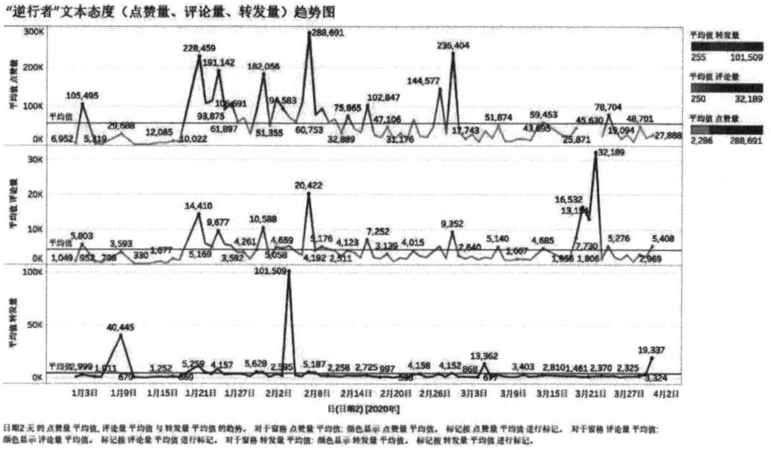

图 2 “逆行者”文本量态度(点赞量、评论量、转发量)趋势图

针对文本总体的报道趋势，以及已有文献对相关文本报道的研究，按照实际爬取的时间进行一定的划分，共划分为三个时间段，分别为潜伏期(1 月 1 日—1 月 15 日)、加速期(1 月 16 日—2 月 8 日)、成熟期(2 月 9 日—3 月 31 日)，并按照每日报道数量与用户共情态度的维度进行相关性统计，绘制表 1。

表 1 每日报道数量与用户共情态度相关性统计表

时间	每日报道用户共情测量					
	点赞量		评论量		转发量	
	相关系数	显著性(双侧)	相关系数	显著性(双侧)	相关系数	显著性(双侧)
潜伏期 (1 月 1 日—1 月 15 日)	0.023	0.618	0.038	0.406	0.526	0.043*

续　表

时间	每日报道用户共情测量					
	点赞量		评论量		转发量	
	相关系数	显著性(双侧)	相关系数	显著性(双侧)	相关系数	显著性(双侧)
加速期 (1月16日—2月8日)	0.031	0.473	0.756	0.027*	0.460	0.013*
成熟期 (2月9日—3月31日)	0.982	0.019*	0.093	0.026*	0.015	0.712

* $P<0.05$, ** $P<0.01$, *** $P<0.001$。

通过考察文本整体的报道数量与受众态度的均值,笔者发现突发事件一般具有生命的周期性,受众的关注度至少会出现一次高峰。特殊的突发性事件,其影响力与传播效果都比一般突发事件大,并且由于其具有不确定性,造成了舆情走向带有强烈的不可控性。在1—3月期间,受众的共情呈现出鲜明的态度变化,尤其在成熟期,每日报道数量与用户共情态度相关性显著,与评论数和点赞数的相关系数分别为 $P=0.026<0.05$、$P=0.019<0.05$,呈现出高度正相关。说明在该阶段,报道对用户的共情能力存在正向影响。在成熟期内,每日报道数量与每日用户的转发量的相关性不显著,$P=0.712>0.05$。说明在该阶段,每日报道数量不直接影响用户的转发量,但是在加速期以及潜伏期,两者呈现显著相关,$P=0.043<0.05$、$P=0.013<0.05$。换言之,在加速期,事件的受关注程度急剧上升,同时媒体的知识科普报道量增多,受众纷纷进行转发。

随着人们认知的逐步完善,同时政府的应对机制逐步完善,达到相对稳定的状态,受众的关注度从迫切需要知识科普,转向了对"逆行者"微博的关注。

1) 潜伏期:仅转发量显著相关

第一阶段为潜伏期,时间范围为2020年1月1日—1月15日。在该阶段,相关报道的数量较少,总计报道478条,平均每日报道20条。1月9日的文本点赞量、评论量、转发量高于同期水平,其中转发量达到了同期的最高水平,得到了用户大量的转发。在这一阶段,受众主要通过官方媒体的消息缓解和消除对未知事物的恐慌。

2) 加速期:评论量呈显著相关性

第二阶段为加速期,时间为1月16日—2月8日。在这一阶段,报道数量激增,在28日到达峰值87条,该时段合计报道548条,平均每日报道约25条。用户转发量和评论量与报道量呈现显著正相关,显著性分别为 $P=0.013<0.05$、$P=0.027<0.05$,此阶段的用户更多寻求有关信息,并进行深入的探讨,以缓解焦虑情绪。

由于加速期的文本报道量较大,对该时期的文本进行深入探究后发现,该时间段中网友的态度在1月21日、1月24日、1月31日、2月7日均迎来了峰值。同时,在该阶段,用户的点赞量与评论量呈正比。1月21日、1月24日、1月31日、2月7日这几天,有关医护人员的报道数量最多,且文本多以主观性的感叹句表达态度,同时以一定的价值观对受众进行引导，不仅有对医护人员的致敬，也有对于个别事件的反思。

3）成熟期：点赞量出现显著相关性

第三阶段为成熟期，时间为2月9日之后，这一阶段报道的数量合计1020条，平均每日约20条。其中，有关“逆行者文本”的报道数量有所减少，同时文本态度开始持续波动，该阶段的点赞量、评论量、转发量低于均值的情况较为常见，但是点赞量、评论量呈现相关性，相关系数分别为$P=0.026<0.05$、$P=0.019<0.05$，如图3所示。

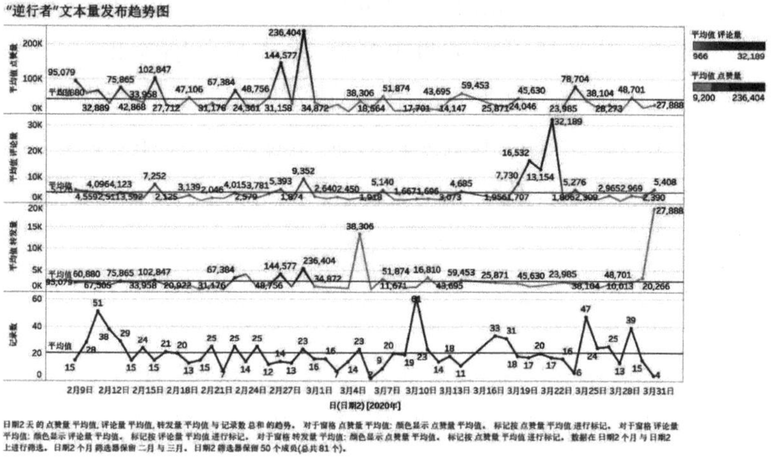

图3　成熟期“逆行者”文本量态度(点赞量、评论量、转发量)趋势图

用户的点赞数在3月1日达到了峰值，当日点赞量最高的文本是“直播＋文字”形式的报道，采取直播这种接地气的方式，全程与受众进行互动；同时共情效果最好的文本出现在3月5日，具体内容则是一位87岁的老人在医护人员的陪护下欣赏到了久违的日落，该报道采用“图片＋文字”的形式，构建了一幅生动的新闻场景，图文相互配合。此外，在报道文本当中加入了更多主人公的话语，增强文章的感染力。

2. 情感倾向以中性为主，用户共情效果明显

情感倾向分析由笔者利用ROST软件，通过输入判定条件来判别信息内容的情感倾向，将微博信息分为正面、负面以及中性这三种，通过采集文本数据进行分类统计，结果如表2所示。

表2　情感倾向统计表

情感属性	报道数量/条	占比/%
中性	995	62.90
正面	495	31.29
负面	92	5.82
合计	1582	100.00

在相关内容的报道中，中性报道为995条、正面报道为495条、负面报道为92条，分别占全部报道数量的62.90%、31.29%、5.82%。《人民日报》作为官方媒体，迅速发布有关事实真相，致力于消除谣言、引导受众情绪和社会舆论[5]。因此，其报道多为中性客观的表述。同时，由于筛选的内容主要为"逆行者"文本报道，正面报道居多，负面报道数量较少，笔者将这些报道绘制成每日报道情感倾向趋势图。

观察图4，能够清楚地发现，在这3个月当中，负面报道较少，同时并未出现大幅波动的情况。中性报道的情况与负面报道相反，其数量在1月27日左右开始持续波动，第二次波动出现在2月10日附近，其间还出现了两次峰值，报道量分别为29、30。在3月10日附近，出现了整个报道阶段的峰值，达到了54条，这不仅体现为对"逆行者"的高关注度，同时报道文本都为中性；正面报道在1月27日迎来最高值，报道量为53条。经查阅发现，1月27日前后正值春节附近，相关文本主要倡导勿聚众聚餐，以及表达了对春节期间医护人员的敬意。

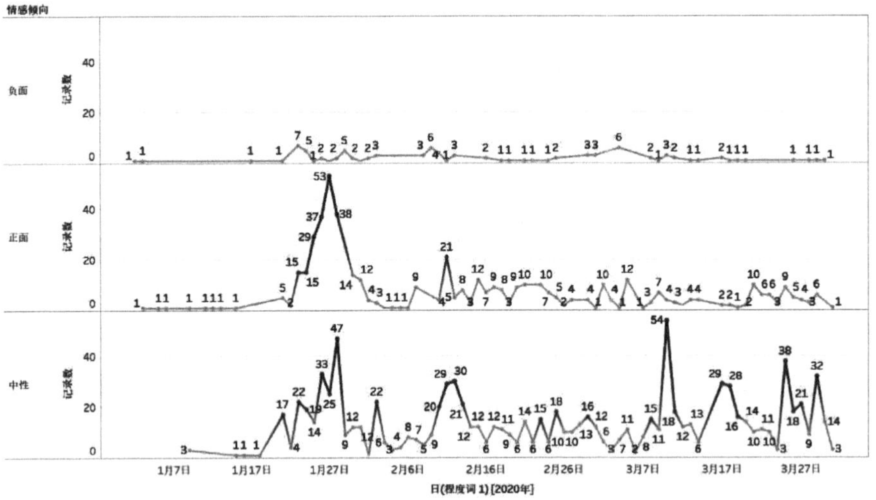

图4　每日报道情感倾向趋势图

1) 潜伏期：中性正面居多，态度呈现显著相关

为更好地观察不同阶段的情感倾向，同时为了更好地比较各阶段的特点，因此将各个阶段进行汇总，分阶段绘制情感倾向统计表(见表3)。从中能够发现，在潜伏期阶段，中性报道、正面报道、负面报道的数量分别为6条、6条、2条，分别占该阶段报道量的42.86%、42.86%、14.29%。在此阶段，感情倾向以中性与正面为主，以价值与客观相结合的方式报道关于"逆行者"的相关消息。

表3　不同阶段情感倾向统计表

情感倾向	潜伏期(1月1日—1月15日)		加速期(1月16日—2月8日)		成熟期(2月9日—3月31日)	
	报道数量/条	占比/%	报道数量/条	占比/%	报道数量/条	占比/%
中性	6	42.86	272	47.89	719	70.49

续 表

情感倾向	潜伏期(1月1日—1月15日)		加速期(1月16日—2月8日)		成熟期(2月9日—3月31日)	
	报道数量/条	占比/%	报道数量/条	占比/%	报道数量/条	占比/%
正面	6	42.86	240	42.25	247	24.22
负面	2	14.29	56	9.86	54	5.29
总计	14	100.00%	568	100.00%	1020	100.00%

媒体的报道态度能够影响公众的态度，在信息传递过程中所蕴含的情感会使个体凝聚成庞大的情感共同体，进而形成情感共振[6]。情感在其间起到中间调和剂的作用，调节理性与非理性的因素。为探究不同阶段的情感倾向报道是否会对受众的态度产生一定的影响，笔者列出了情感倾向与受众态度之间的相关性统计值(见表4)。在潜伏期，中性、正面报道与用户态度具有显著的相关性，说明中性、正面倾向报道的数量受到这两个因素的正向影响。同时，负面报道数量与用户评论形成显著相关，$P=0.046<0.05$。在潜伏期，虽然负面报道较少，但是报道态度与用户态度呈现正相关。在个体正面态度方面，公众通过网络渠道主动关注自己感兴趣的议题，并参与事件发展的讨论；在负面态度中，公众仍然通过网络渠道发表自身看法，但是更多的是进行追责，且目光仅仅局限于所认可的事实。因为受负面情绪的影响可能失去自身的理性判断，发表过激的言论。这种负面的情感态度不仅对事件本身造成消极的影响，更有可能对整个社会造成负面的影响。

表4　情感倾向与受众态度之间的相关性统计

时间	情感倾向	每日报道用户共情测量					
		点赞量		评论量		转发量	
		相关系数	显著性(双侧)	相关系数	显著性(双侧)	相关系数	显著性(双侧)
潜伏期(1月1日—1月15日)	中性	0.782	0.001**	0.687	0.001**	0.541	0.000***
	正面	0.886	0.028*	0.560	0.026*	0.230	0.000***
	负面	0.675	0.429	0.214	0.046*	0.204	0.485
加速期(1月16日—2月8日)	中性	0.981	0.002**	0.892	0.000**	0.672	0.000**
	正面	0.781	0.000***	0.871	0.001**	0.782	0.000**
	负面	0.818	0.010**	0.002	0.962	0.112	0.800
成熟期(2月9日—3月31日)	中性	0.672	0.004**	0.782	0.000***	0.782	0.000***
	正面	0.945	0.035*	0.891	0.000***	0.885	0.000***
	负面	0.041	0.208	0.035	0.268	0.044	0.162

* $P<0.05$，** $P<0.01$，*** $P<0.001$。

2) 加速期:中性报道增多,态度与报道成正比

加速期间的报道数量分别为中性报道272条、正面报道240条、负面报道56条,所占比例分别为47.89%、42.25%、9.86%。其间中性与正面报道虽占比较大,且中性报道稍高于正面报道,负面报道较少。该阶段负面报道与用户态度并未呈现出相关性,报道量较多的中性报道($P=0.00<0.001$)和正面报道($P=0.00<0.01$)与用户态度呈正比。

在加速期与成熟期,中性、正面报道与用户态度产生显著相关性,但是负面报道与用户态度则相关性不显著,说明用户的态度都受到报道情绪的影响,而无论是在加速期还是成熟期,负面报道都较难引发用户的态度共鸣。因此,媒体增加了正面与中性的报道引导方式。由此可知,《人民日报》微博在报道时更偏向于中性、正面的报道,同时无论是正面报道还是中性报道都能够引起更好的共鸣。

因此,在加速期,《人民日报》微博大力报道正面、中性的话题,逐渐用中性且权威性的话题去削弱公众的极端性表达,增强公众对当前形势的认知,进而提升公众对报道的共情程度。

3) 成熟期:中性报道为主,出现情绪"衰减—转移"

重大事件报道具有塑造公众情感的功能,情感贯穿于新闻报道的始终。在涉及负面情感的消息传播中,媒体面临着疏导受众情绪的挑战,同时在成熟期,报道的情感倾向逐渐以中性为主,所占比重上升,正面报道和负面报道的比重均有所下降,整体的报道态势往往趋向中性化。媒体在舆论引导中,能够把握用户心理,避免群体极化现象发生,减少负面报道以防止用户产生逆反心理,同时正面报道也趋于减少。成熟期报道变化符合网民情感"衰减—转移"模型,即某类情感倾向逐渐衰减并向其他情感转移,体现在新闻报道当中,当某一特定情绪衰减时,对应情感的信息量也逐渐减少,同时期的其他类别信息增长加快,最终导致初始情感信息量在整体信息中的占比减少,而其他情感信息量占比增多,尤其是中性报道增多[7]。

公众因报道的倾向性而产生了情感共鸣,进而参与互动。在一定时间内对关注的议题保持亲密度。这种情感随着时间的推移,在事件发展达到峰值后,情感所联系的关联性群体逐渐瓦解,这类群体受事件发展的因素干扰较大,在一定时间内虽然能产生一定的积极效应,但是缺乏稳固性。同时由于微博自身的属性,使得《人民日报》即使连续报道部分议题,受众也难以长时间集中关注,这也导致了最终的共情类报道较少,媒体多以单纯叙述的中性报道为主,其他带有情感倾向的正面报道与负面报道的比例逐渐下降。

3. 报道议题反映舆论指向,医护人员提供主要共情文本

在共情传播中,因为事件的实时性,往往会引发针对当下议题的激烈讨论。公众围绕感兴趣的话题与媒体互动,保持对议题的关注度。探究报道议题对研究文本共情具有一定的代表性意义,报道议题当中的主题词是指媒体报道中出现的频率较高的词汇,这类词汇代表了文本的核心内容及关键意义[8]。通过对主题词进行排序、分析,确定其重要程度,可以反映媒体报道的文本意义和舆论指向[9]。

三、《人民日报》微博文本内容对受众共情传播效果实证分析

1. 情景设置可以影响共情以及行为

采用主成分分析法进行因子分析，以特征根大于1为标准，并用最大方差法作正交旋转提取因子。在选项"取消小系数"中，将绝对值设为0.400[10]，最终调整结果如表5所示。由于共情的四个维度为观点采择、幻想、共情关注和个人忧伤，研究共抽取了特质共情的4个因子，可累计解释方差的61.666%，说明这四个因子可以解释总方差一半的变异。各个题项均属于对应因子，且因子载荷值均大于0.400，说明该量表具有良好的结构效度[11]。

表5　个人特质(事前)因子分析

因子名称	题项	克龙巴赫α	均值	因子载荷	均值	标准差
观点采择	Q11_R4 在报道一些过于正面的报道时(比如塑造一个完美"逆行者"形象)，我会试着辩证去看待	0.751	2.189	0.786	2.420	0.812
	Q11_R9 对我来说，全心地观看报道，是很少有的事			0.608	2.170	0.777
	Q11_R10 他人的不幸通常不会给我带来很大的困扰			0.613	1.970	0.729
幻想	Q10_R0 对那些比我不幸的人，我经常有心软和关怀的感觉	0.854	2.234	0.706	2.340	0.884
	Q10_R2 有时我想象以朋友观点来看事情，以便更了解他们			0.825	2.070	0.982
	Q10_R3 我相信每个问题都有两面观点，所以我尝试着从这不同的观点来看问题			0.709	2.360	0.911
	Q10_R9 当我对一个人生气时，我通常会尝试着去想一下他的立场			0.807	2.110	0.942
	Q11_R11 看完报道之后，我觉得自己好像是其中的某一个角色			0.666	2.420	0.812
	Q10_R4 我认为自己是一个相当软心肠的人			0.682	2.030	0.939
	Q11_R12 当我观看报道时，我想象着：如果报道中的事件发生在我身上，我会感觉怎么样			0.550	2.270	0.871
共情关注	Q11_R0′有时候当报道"逆行者"有困难或问题时，我并不为他们感到难过	0.723	2.158	0.847	2.270	1.018
	Q11_R3″在观看报道时，我通常是旁观者，而且通常不全心投入			0.777	2.250	0.825
	Q11_R9 对我来说，全心地观看报道，是很少有的事			0.492	2.170	0.777

续 表

因子名称	题项	克朗巴哈 α	均值	因子载荷	均值	标准差
共情关注	Q11_R10″当我看到“逆行者”受到不公平的对待时，我有时并不感到非常同情他们			0.779	1.970	0.729
	Q11_R13 当我看到身边人发生意外而急需帮助的时候，我紧张得几乎精神崩溃			0.579	2.120	0.940
个人忧伤	Q10_R8 在紧急状况中，我紧张得几乎无法控制自己	0.791	2.287	0.515	2.150	0.954
	Q11_R1 当报道“逆行者”专题时，我的确会投入人物中的情感世界			0.616	2.500	0.834
	Q11_R2 在紧急的状况中，我感到担忧、害怕而难以平静			0.694	2.350	0.763
	Q11_R8 当我看到“逆行者”的事迹时，我有点想要保护他们			0.519	2.260	0.780
	Q11_R14 在观看报道时，我和他们产生了共鸣			0.766	2.230	0.825
	Q11_R11 当我观看报道时，我很容易站在某个主角的立场去感受他的心情			0.584	2.230	0.882

个人特质共情量表信度 0.830
累计方差解释率 61.666%
KMO 取样适切量数 0.839
巴特利球形度检验显著性 0.000
注：0=非常不同意，1=不同意，2=一般，3=同意，4=非常同意；N=531；
提取方法：主成分分析法；旋转法：具有 Kaiser 标准化的正交旋转法，旋转在 5 次迭代后收敛

注：* $P<0.05$，** $P<0.01$，*** $P<0.001$。

根据表 5，可将提取出的四个因子按照特征进行分类：观点采择强调对他人观点的接受过程而非最终的结果，均值 $M=2.189$，表明当前被调查者的共情能力较高，他人观点对个体共情能力的影响较小。例如，题项“他人的不幸通常不会给我带来很大的困扰”的均值仅为 1.970，显著低于整体均值，说明被调查对象较少会切实考虑到“逆行者”的不幸并产生担忧，甚至是焦虑，因此也导致共情较难发生；幻想维度主要考察个体对小说、电影或电视剧中描述的人物的共情能力，研究后发现，均值 $M=2.234$，其中“有时我想象以朋友的观点来看事情，以便更了解他们”的均值 $M=2.070$，“当我对一个人生气时，我通常会尝试着去想一下他的立场”均值 $M=2.110$，“我认为自己是一个相当软心肠的人”均值 $M=2.030$，均值普遍较低，尤其是代入朋友处境思考的得分较低，反映出受访者在日常生活当中很少想象朋友的处境，造成了当灾难发生时，新闻发布的信息内容更难造成共情的发生；共情关注主要考察对于苦难者的关注度，均值 $M=2.158$，其中“当我看到‘逆行者’受到不公平的对待时(比如物资紧缺)，我有时并不感到非常同情他们”均值最低，$M=1.970$，因此表明受访者对他人困境关注不足，因此可以推断“共情关注”对于特质共情的影响较小；个人忧伤则是

个体由他人的情绪引发的共情共鸣，其均值在四组因子中最高，$M=2.287$，表明“个人忧伤”对共情的影响较大，并且因子的均值普遍较高，未曾有低于均值（$M=2.000$）的情况发生。

2. 共情水平高的人共情行为更强烈并影响他人

调查数据将个人共情特质作为自变量，包括三种水平群体，分别为低共情、普通共情、高共情；因变量选取共情行为，采用 NPS 打分制对观看文本后产生的共情行为倾向进行赋值。通过 SPSS 进行方差分析，检测不同共情特质群体在观看文本后的共情行为差异。

经过 Levene 方差同质性检验，数据满足方差齐性假设，采用 LSD 法进行事后比较。从整体来看，不同特质共情对文本共情行为的影响均达到了显著水平。“我对他们的行为有所触动”【$F(2\,528)=57.371$，$P<0.01$】、“我关心他们”【$F(2\,528)=42.936$，$P<0.01$】、“我感到同情他们”【$F(2\,528)=22.946$，$P<0.01$】、“我和他们产生了共鸣”【$F(2\,528)=63.6$，$P<0.01$】、“他们让我动了恻隐之心”【$F(2\,528)=27.135$，$P<0.01$】。

由事后比较可知，高共情的人比普通共情以及低共情的人更容易对文本产生强烈共情。例如，在“我和他们产生了共鸣”题项中，高共情的人（$M=8.11$，$SD=1.731$）得分明显比低共情的人（$M=4.22$，$SD=2.846$）高，因此可以验证假设：特质共情水平高的人共情行为更强烈。

四、《人民日报》微博“逆行者”共情效果及优化建议

1. 《人民日报》微博共情文本共情效果总结

通过对 2020 年 1—3 月的《人民日报》微博共情文本进行内容分析，并随机抽取文本对受众开展问卷调查，得出如下结果：

报道数量方面，相关报道数量整体呈现交替起伏态势，“逆行者”关注度持续上升，作为权威媒体，《人民日报》发布消息及时，报道数量在 3 个月当中达到 10 次峰值，同时对受众的影响较为明显，受众对“逆行者”文本态度也跟随报道节奏呈现交替变化；在文本情感导向方面，整体的情感倾向以中性为主，用户共鸣效果较为明显。在 3 个月的文本当中，以《人民日报》一贯秉承的中性报道为主，在最开始出现正面、负面两种情绪，后续转为中性报道。研究表明，“正面”“中性”的报道对受众的影响较为显著；在报道议题方面，整体议题及时反映舆论指向，医护人员相关内容构成主要共情文本。报道议题以“逆行者”当中的“医护人员”为主，其次为“公职人员”“政府”，受众对“医护人员”和“公职人员”相关报道更容易产生共情。

在分析《人民日报》微博共情文本对受众的影响时，首先对受众进行前测，并将被调查者的个人特质分为三个类型，提出五项假设。研究发现，被调查者的年龄、性别对共情有显著影响。将《人民日报》发布内容分为三种类型，分别为新闻权威性、文本的客观性、消息及时性，经过比较后发现受众整体更加认可《人民日报》微博内容的客观性，并且发现被调查者主要关注“政府”方面的新闻，而普通共情群体则更加关注“医护人员”的报道并为之动

情,其次为"公职人员"方面的报道。高共情群体,则表现得与普通共情群体相同,均对"医护人员"与"公职人员"方面的报道更加共情。经过统计后对被调查者进行后测,探究文本对受众共情效果的影响,发现文本的情景设置可以影响受众的共情行为,同时共情水平高的人共情行为更强烈,但是经过情景设置而产生共情的受众并不会产生更强烈的情绪效果。同时,所选"逆行者"文本仍存在内容、表述倾向模糊以及人物刻画不具体等层面的问题。

2.《人民日报》微博共情文本共情效果优化建议

1)针对重点事件,进行深度报道

在不同事件中,公众关注度存在差异,因此报道用力应有所区分的,面对受众更为关注的重大问题、热点问题,要重点且提前进行报道[12]。作为党媒,《人民日报》代表党和政府发声,选题必须紧紧围绕中心工作来谋划,站位要高,注重信息的合理处理,不能急于报道存在歧义的消息。媒体应合理设置议题,提高重要议题的显著性,向社会传递信息和政府决策,在社会系统中有效发挥正确传递信息和良好沟通的作用。

《人民日报》微博在报道重大事件的最新消息时,网络舆论也在此时产生情感的共鸣与碰撞。凭借自身的媒体效应,参与讨论的受众绝大部分展现出立场相同、诉求相近、情感相通以及数量庞大等特点,共情心理在其中发挥重要的作用。《人民日报》微博可针对目标受众精准发布文本,设置相关议题,合量分配注意力,增强媒体效应,强化媒体价值。在面对具有重大社会影响的事件时,媒体在议程设置中,更应该关注非理性因素,及时公开信息。

2)情感表达多元,增强人文情怀

费尔克拉夫在《话语与社会实践》中提出,"话语具有社会实践的特征,应该针对社会变化研究[13]"。《人民日报》作为党报,因此报道风格与其他媒体存在明显的区别,尤其是在报道重大突发事件时要更加注重严肃的风格,无论在何种平台发布,都要注重自身的报道结构与语言风格,明确自身定位与规范,对事故灾难报道保持严肃的风格,在文本结构上也要遵循一定的规范。

新媒体时代对媒体提出了比以往更高的要求,整体的新闻环境从严肃走向更加灵活,这不仅是新闻媒体自身革新的体现,也反映出受众地位的重大变化。过去,传统媒体的话语政治色彩浓厚,随着互联网时代的到来,新闻报道逐渐弱化政治色彩,更加具有人情味。通过研究《人民日报》微博报道样本后发现,过去的"一元话语"格局已逐渐被打破[14]。

3)人物身份多元化,增强情感共鸣

共情是一种高级认知的心理过程,能够增强公众对他人的理解。共情传播有助于增强社会的整合能力,积极发挥个体的作用,凝聚社会的力量,其唤醒力至关重要。在重大事件期间,公众的关注度相较于以往变得更高,在争议的事件中表现得更加活跃,他们会因报道对象激活共情情感,进而更愿意参与到讨论当中,而这种共情报道多来源于自然的叙述,因此媒体可以通过这种方式,有效地激活受众的共情力。

新闻报道重客观叙述,事实就是最好的说理依据,这与共情当中的"情"并不冲突,让事实说话,更具说服力。在相关报道中,共情较高的仍旧是以"人物"为核心,通过讲述一线医务人员、基层干部、公安民警的事迹，采用个体化叙事的方式，聚焦重大事件中个体人物的命运，以第一视角向公众讲述亲历者的温暖故事[15]。用简短的文字配合记录视频，呈现日常生活场景、见闻与对话，充满真实感与亲和力，展现奉献精神。第一视角的个体叙述方式在给予观众“在场感”，让公众在故事中受到人物精神的感染，获得精神力量。同时，部分“人物故事”的报道对公众的负面情绪起到了抚慰作用，配合文本符号依托媒介特性进行融合，消弭了不同社群间的话语沟壑，营建多个主题式场景，从而正向引导群体共识与社会认同感的形成，完成社会集体记忆的理性建构，激发受众的理性共情。

叙述角度更加接近受众心理，将报道人物的身份转化得更易引发共鸣。随着阅读碎片化，新媒体技术不断普及、融合与优化，信息呈现出碎片化传播特征，大众阅读习惯也相应改变。因此主流媒体应发挥专业、权威的内容报道优势，采用新技术结合创新型的叙述角度，通过实时直播、采访领导专家等方式，在帮助公众获取权威信息的同时，利用新媒体技术帮助受众了解事件进展、贯彻相关举措，满足公众的信息需求。

五、结论与展望

近年来，突发性公共卫生事件因其自身的独特性成为人们最为关注的问题，如何进行信息传播与缓解受众焦虑，成为重要的任务。在此期间，主流媒体肩负重任，不仅要将情况准确传达给受众，更要运用恰当的表述方式引发受众“共情”，但是过度掺入情感往往会产生负面的效果，因此媒体应依据平台特性，把握好题材选择发布时机与传播方式的“度”，从而实现更好的共情传播效果。对此，笔者选取《人民日报》微博当中的“逆行者”文本作为研究对象，对2020年1月—3月当中的有关“逆行者”的报道进行统计研究，并结合调查问卷，分析文本对受众共情效果的影响。本文聚焦于“逆行者”文本，但缺乏对文本更加细致的类目建构，未来可以尝试深入研究《人民日报》微博“逆行者”文本的特点。目前，在应对公共事件方面，媒体已形成较为成熟的应对机制，但是仍然存在共情文本报道不足的情况。在未来面对此类突发事件时，可以建立相应的应对机制，充分利用共情传播，凝聚社会力量。

参考文献

[1] 李科. 主流媒体突发公共卫生事件报道的策略及其优化：以《人民日报》新冠肺炎疫情报道为例[J]. 郑州轻工业大学学报(社会科学版)，2021，22(1)：84－90，108.

[2] 清博指数. 微博传播指数(BCI)[EB/OL]. [2020－02－24]. http://www. gsdata. cn/site/usage-2.

[3] 张思萌. 主流媒体对非典和新冠肺炎疫情的报道比较研究：以《人民日报》为例[J]. 传播与版权，2020，88(9)：14－16.

[4] 谢科范，赵湜，陈刚，蔡文静. 网络舆情突发事件的生命周期原理及集群决策研究[J]. 武汉理工大学学报(社会科学版)，2010，23(4)：482－486.

[5] 姜景，王文韬. 面向突发公共事件舆情的政务抖音研究：兼与政务微博的比较[J]. 情报杂志，2020，39(1)：100－106，114.

[6] 刘海明,宋婷.共情传播的量度:重大公共卫生事件报道的共振与纠偏[J].新闻界,2020(10):11-21,31.
[7] 夏一雪.基于舆情大数据的网民情感“衰减—转移”模型与实证研究[J].情报杂志,2019,38(3):148-154.
[8] 夏倩芳,叶晓华.从失语到喧哗:2003年2月～5月国内媒体“SARS危机”报道跟踪[J].新闻与传播研究,2003(2):56-65,94.
[9] 杨月辉.主流媒体突发公共卫生事件报道特点分析:以人民日报新冠肺炎疫情报道为例[J].新闻战线,2020(10):85-87.
[10] 武文颖.大学生网络素养对网络沉迷的影响研究[D].大连:大连理工大学,2017.
[11] 李雪.团队冲突对团队绩效影响的实证研究[D].成都:西南交通大学,2013.
[12] 蒋燕.重大突发公共卫生事件中党报评论的时度效:以《人民日报》新冠肺炎疫情主题评论文章为例[J].传媒,2021(5):49-51.
[13] 赵小川.新闻媒体在公共危机处理中的作用:以“8·12天津滨海大爆炸”事故为例[J].新闻研究导刊,2016,7(22):204.
[14] 孙莹.《人民日报》突发事故灾难报道框架的变迁研究[D].北京:北京交通大学,2019.
[15] 央视新闻.战“疫”大考,来看中央广播电视总台这份答卷![EB/OL].(2020-03-05)[2021-10-23].https://view.inews.qq.com/wxn/NEW2020030506982700?

虚拟与现实的隐秘张力

——社交媒体倦怠与社会自我效能感交互影响的结构启示①

刘 强② 赵 茜③

【摘 要】 虚拟社交工具升级、现实社交能力降级,虚拟世界和现实世界之间的交互影响越来越隐秘且深刻。本文通过剖析个体社交媒体倦怠与社会自我效能感之间的交互影响,深入探究虚拟世界与现实世界的内在关系。以上海市大学生为研究样本,利用 SPSS 对问卷调查所回收的有效数据($N=559$)进行回归分析,依次验证社交媒体倦怠与社会自我效能感的关系,角色压力在两者之间的中介作用及社会自我效能感的调节作用。虚拟与现实的相互建构和相互融合在个体的虚实协调中得到了印证。本文还意外发现:虚拟侵蚀现实,以致社会自我效能感失灵;然而,现实也会矫正虚拟,使个体重拾信心。社会自我效能感超越虚实的调节作用具有警示意义——人的主体性既是虚拟与现实边界的尺度,又是虚拟与现实相互作用的支点。

【关键词】 社会自我效能感;社交媒体倦怠;角色压力;交互影响

Similar Web 公司对全球 9 个国家的安卓设备用户的社交媒体使用情况进行调查,结果显示,人们正在减少对脸谱网(Facebook)、推特(Twitter)、照片墙(Instagram)等社交工具的使用[1]。早在 2014 年 6 月—2015 年 12 月期间,全球最大的社交网络 Facebook 总状态更新数量就减少了 21%,这一现象被称为"Facebook Fatigue",社交媒体倦怠的概念也随之而来[2]。而在国内,根据《2018 中国社交媒体影响报告》,用户认为社交媒体对其有消极影响的比例已经达到 93%,并有高达 95%的用户采取措施来减少消极影响,如"有意识降低使用频率和总时长""卸载社交媒体软件"等[3]。可见,用户社交媒体使用已经进入新阶段,社交媒体倦怠正在成为全球范围内扩散的社会现象。此外,"青年说"发起的一项调查中,参与投票的 2 532 名网友中仅 69 人认为自己没有社交问题,97%的参与者存在回避甚至恐惧社交的现象[4]。虚拟社交工具升级、现实社交能力降级,成为当代年轻人普遍面临的一大问题。

虚拟世界中的社交倦怠和现实世界的社交恐惧同时出现,或许并非偶然。随着移动设

① 本文为国家社会科学基金一般项目"'一带一路'背景下中国出版走出去的供需错配与平台协同机制研究"(19BXW02)阶段性研究成果。

② 上海理工大学出版印刷与艺术设计学院教授,硕士研究生导师,研究方向:媒介受众行为。

③ 上海理工大学出版印刷与艺术设计学院新闻传播学专业硕士研究生。

备和社交媒体的普及,虚拟世界和现实世界已经越来越呈现出“你中有我”“我中有你”的状态。虚拟与现实相互影响的双向关系似乎已成老生常谈,但从早期的“网络沉迷”“游戏成瘾”到今天的“人的异化”“社会疏离”,对虚拟世界的过度恐惧似乎大大掩盖了现实对虚拟的控制和拒斥。正如大多数研究者会关注社交媒体的使用如何影响个体对自我社交能力的认知,却少有人关心现实的社交信心如何影响个人在虚拟社交空间中的处境。即使已有不少探讨虚拟和现实之间对立统一关系的研究,但大多止于哲学思辨,鲜有实证研究。这与虚拟世界与现实世界所包含的因素太过庞杂不无关系,因此,探索两者之间的复杂关系,不妨将视角从宏观整体聚焦到微观个体,从由个体对虚拟与现实的协调入手。

因此,本文以微信朋友圈为研究领域,采用问卷调查法对大学生群体进行调查,分析研究社交媒体倦怠与社会自我效能感的双向互动关系,从而折射出虚拟与现实在个体身上到底如何相互作用,一探虚拟与现实之间的隐秘张力。

一、文献综述

1. 虚拟与现实

“虚拟”一词在古语中仅见于《红楼梦》,含有“无中生有”的意思。可见,“虚拟”这种存在形式的出现早于网络。虚实关系的范围也十分广泛,如文学创作中的虚写与实写,书法中的虚笔与实笔,兵法中的“虚则实之,实则虚之”……但是现在许多学者都把“虚拟”这一概念分为广义和狭义两个层次:广义的虚拟是指超越现实性的思维方式和实践方式,狭义的理解则仅是计算机网络中由数字化方式所展现出的内容[5]。本文对虚拟的界定采用虚拟的狭义概念,把网络世界看成是一个虚拟世界或者虚拟空间,但必须承认的是,网络世界是具有浓厚现实基础的虚拟世界。

在网络研究中,的确存在过虚拟与现实之间没有相关性的观点。英国学者吉尔·瓦伦丁(Gill Valentine)和萨拉·霍尔韦(Sarah L. Holloway)在他们合作的《网络少年:青少年的网络和非网络世界》(“Cyberkids: children in the information age”)一文中就指出过这种错误的观点:“对于网络和非网络世界的讨论对立点主要集中在‘现实性和虚拟性’之争上。在这些争论中,这两个世界被认为是截然不同的或者互不联系的,因而两者之间具有质的对立[6]。”但是,更多的研究者还是承认虚拟与现实之间具有相关性,认为它们之间既有区别又有联系。曼纽尔·卡斯特(Manuel Castells)从虚拟社群与真实社群的关系指出了虚拟世界拥有自身的动态,是在不一样的现实层面上运作[7]。崔嵬先生通过对“一塌糊涂”BBS这个虚拟社区进行实证研究也得出了类似结论,他指出虚拟社区是一种不同于现实社会的社会实体[8]。英国学者克里斯托夫·霍洛克斯(Christopher Horrocks)对虚实关系的研究总结归类得出四大模式:“虚拟是对于现实的复制”“虚拟是对于现实的优化”“虚拟是对于现实的替代”和“虚拟是对于现实的同化”[9]。在上述成果基础上,我国学者冯务中将网络环境下的虚实关系总结为“异”“同”“分”“和”四个方面,即虚拟与现实具有差异性、同一性、对立性和统一性[10]。这也是本文研究虚拟与现实关系的基本前提——虚拟与现实之间既有区别也有联系。

2. 社交媒体倦怠与社会自我效能感

Web 2.0 时代，人们被众多社交网站淹没，亚当·帕特里克（Adam Patrick）首次明确提出了社交媒体倦怠的概念，他指出："充满邀请邮件的收件箱让用户变成了被社交媒体倦怠盯上的猎物。"[11] 目前国内外研究者主要是从情感和行为视角来对这一概念进行界定，Techo 百科将其定义为用户逐渐退出社交网站的倾向[12]。伊丽莎白·伯恩斯坦（Elizabeth Bernstein）用它来描述人们面对社交网站时，产生沮丧感、疲倦感和较低参与意愿的现象[13]。也有学者采用复合视角，如台湾学者谢名家将社交媒体倦怠定义为：用户使用社交媒体时感到疲乏、厌倦，进而导致其停留时间缩短、使用频率减少、使用热度衰退，最后成为社交媒体潜水者甚至退出社交平台的现象[14]。越来越多的研究认为，倦怠包括三个子维度：情绪衰竭，玩世不恭（人格解体）和个人成就感低落（个人低效率感）。其中，情绪衰竭是指个人时间、精力等被耗尽或剥夺的程度，是倦怠最直接的症状；玩世不恭表现为个体的逃离倾向；个人成就感低落则是指个体主观评价上的低自我价值感。复合视角同时包括了社交媒体倦怠形成后的感受与行为，最能全面反映个体在虚拟世界中的状态，因此本文采用其复合概念。

近几十年来，阿尔伯特·班杜拉（Albert Bandura）提出的自我效能理论一直是应用心理学领域的重要理论，而自我效能感则是社会认知理论中探讨个体动机和行为最具说服力的概念之一[15]。2000 年，希瑟·M. 史密斯（Heather M. Smith）和南希·E. 贝兹（Nancy E. Betz）首次明确定义社会自我效能感，用来表征社交情境中的自我效能感。即个体对自己参加社交任务，在社会互动中发展、维持人际关系能力的自信心和信念[16]。针对特定的研究情境，自我效能的概念更加细化，如大学生社会自我效能感[17]、工作情境下的社会自我效能感[18]、社交媒体自我效能感[19]、计算机自我效能感[20]等。绝大部分社会自我效能感研究均着重于探索它与其他变量的相关关系，包括个人特质、情绪、态度及行为变量[21-23]。本研究的目标是探究虚拟世界中产生的社交媒体倦怠如何与现实中的自我认知相互影响，因此本研究涉及的社会自我效能感就是指个体对自己在现实的社会交往活动中的人际能力的判断和信念。

社交媒体倦怠的后果研究大体包括用户的情绪、态度、行为三个方面，尚未涉及自我效能感。而其影响因素的研究则是从社交媒体平台、用户自身、社会环境三个维度展开，主要包括信息过载[24]、隐私关注[25]、角色压力[26]、人格特质[27]等因素，其中部分研究使用了自我效能感这一变量。劳拉·F. 布莱特（Laura F. Bright）、苏珊·巴迪·克莱泽（Susan Bardi Kleiser）和斯泰西·兰德雷斯·格劳（Stacy Landreth Grau）研究发现用户自我效能感越高，社交媒体倦怠越明显[28]；张艳丰、李贺和彭丽徽发现自我效能感对社交媒体态度并没有影响[19]，而郭佳杭也在控制变量检验中得到技术的自我效能感对潜水意向没有显著影响的结论[29]。上述研究中都将社交媒体中的自我效能感定义为用户对自己掌握和使用这种新技术、新通信方式的能力的认知。成吉在分析社交媒体倦怠成因时发现低水平的社交效能对情绪衰竭没有显著影响，但是对不持续使用意愿有显著负向影响[30]。牛静、常明芝也发现社交媒体自我效能感会调节社交媒体倦怠与社交媒体不持续使用意向的关系[31]。他们对社交媒体自我效能感的定义则是指用户对社交媒体上的社交关系、信息以及个人形象控制能力的信念。陈昊、李文立和柯育龙发现自我效能感在担忧和不持续使用意愿之间发挥着弱调节作用,负向调节担忧对不持续使用意愿的影响[32]。他们所采用的自我效能强调的是用户对自身应对社交媒体中隐私威胁所需的专业技能、知识等个人能力的判断和信念。通过上述梳理,可以发现相关研究中涉及的自我效能感都是在虚拟社交空间中的技术自我效能感和社交自我效能感,尚未跨越到个人在现实中的社会自我效能感。

3. 角色压力与社交媒体倦怠

角色压力是指个体认为自己不能成功地实现角色期望时产生的不舒适感或焦虑感。它普遍存在于跨边界的活动中,因此以往多用于工作场景下的研究,随着社交媒体带来的情境坍塌,线上社交活动中角色压力也时常存在。学者广泛认可将角色压力划分为角色模糊、角色冲突[33]和角色超载[34]三个方面。角色冲突是指人们在不同社会位置的角色期望之间相互矛盾,角色模糊即对既定角色的期望或规定缺乏明确的理解和认识,角色超载则是人们透支自己的身心资源去承担过多责任和角色期望的状况。薛静、洪杰文已经使用压力—负担—结果框架对微信朋友圈中角色压力和社交媒体倦怠的关系得到了明确结论,即角色冲突、角色超载与社交媒体倦怠之间显著正相关,而角色模糊对社交媒体倦怠没有直接影响[26]。引入角色压力变量,主要是想借此来验证现实影响虚拟的其他可能路径。

基于对以往相关研究的回顾和梳理,提出本文的研究问题。

研究问题 1:社会自我效能感与社交媒体倦怠是如何相互影响的?用户个体特质和媒介使用特征对这一过程有何影响?

研究问题 2:社会自我效能感是否通过角色压力的中介作用间接影响社交媒体倦怠?

研究问题 3:角色压力、社交媒体倦怠之间关系如何?社会自我效能感是否在角色压力与社交媒体倦怠之间起到了调节作用?

二、研究假设和模型构建

1. 研究假设

班杜拉认为,情绪及生理状态是个体自我效能形成的重要来源之一。其在“去敏感性”研究中发现,个体在面临某项活动任务时的身心反应、强烈的激动情绪通常会妨碍行为的表现而降低自我效能感[35]。有学者进一步发现,失望消极的情绪会降低个体的社会自我效能感。此外,自我效能建立在过去互动经验的基础上,成功的使用经验会增加自我效能,失败的使用经验会降低自我效能。社会自我效能感是自我效能感概念在社交情境中的特殊化,而玩世不恭作为个体的逃离倾向,其本质就是一种失败的社交体验。同时自我效能理论还指出,当个体感觉到他人社会资源更多且社交能力更强,而自己资源更少、能力更弱时,其自我效能感会受到负面影响。事实上,个人成就感低落正是个体在经历失败之后产生的主观上不如他人的低自我价值感。因此,本文提出以下假设:

研究假设 1:社交媒体倦怠能够负向预测个人的社会自我效能感。

研究假设 1a:情绪衰竭能够负向预测个人的社会自我效能感。

研究假设 1b:玩世不恭能够负向预测个人的社会自我效能感。

研究假设 1c:个人成就感低落能够负向预测个人的社会自我效能感。

自我效能感会影响个人的情绪、态度和行为。首先,用户自我效能对情感倦怠具有显著负向影响。即用户对本人使用社交媒体并解决使用过程中出现各种问题的能力充满自信,其倦怠情绪会明显降低。情绪衰竭正是倦怠最直接的情绪症状。其次,马修·S. 伊斯汀(Matthew S. Eastin)和罗伯特·拉罗斯(Robert LaRose)认为自我效能有助于互联网用户积极掌握复杂的任务,过往经验会鼓励其进一步使用[36]。也有研究发现当社交网络用户拥有低水平的社会自我效能感,他们会更倾向于回避威胁,对社交媒体的使用抱有不高的目标和期待,甚至失去内在的兴趣和对活动的深刻理解[19]。也就是说,自我效能越高,用户越有可能继续使用社交媒体。同时,根据班杜拉的自我效能理论,社会自我效能感越高的个体则越敢于涉足更广泛的社交范围,与外界的交流更加积极主动,在遇到社交挫折时也能够调动更多的认知资源,寻求更多的社会支持,不容易产生低落感。因此,本文提出以下假设:

研究假设 2:个人的社会自我效能感能够负向预测社交媒体倦怠。

研究假设 2a:个人的社会自我效能感能够负向预测情绪衰竭。

研究假设 2b:个人的社会自我效能感能够负向预测玩世不恭。

研究假设 2c:个人的社会自我效能感能够负向预测个人成就感低落。

微信朋友圈中分布着各种类型的好友,每个用户都扮演着不同角色,承担着多种不同的角色期望:一方面,不同的角色期望之间可能会存在一定的冲突,然而复杂的社会关系并非简单的分组即可划清;另一方面,用户并非能对每种角色期望都有清晰的认知,因此呈现出来的形象很可能与相应的角色期望不符,无法收到期望的反馈。久而久之,会导致用户对平台不满意,产生厌烦感,进而导致后续的消极行为。邓巴数假说认为稳定社交网络的人数大约是 150 人,人际管理成本超负荷将对情绪产生负向的影响。大多微信用户的好友数量远远超过 150 人,用户越来越难以满足这些超载的角色期望,因此逐渐产生疲倦感。因此,本文提出以下假设:

研究假设 3:角色压力的各维度能够正向预测社交媒体倦怠。

研究假设 3a:角色冲突能够正向预测社交媒体倦怠。

研究假设 3b:角色模糊能够正向预测社交媒体倦怠。

研究假设 3c:角色超载能够正向预测社交媒体倦怠。

角色压力是人们对他人传达过来的客观期望认知不明确、接收多个矛盾的客观期望,或因客观期望过多而无力满足时产生的焦虑感。在社交媒体上,这种焦虑感会导致个人的消极情绪和逃避行为。而社会自我效能感是个体对自己人际能力的判断和信念,它会影响个体对互动策略的选择,进而影响互动质量和社交活动的成功[15]。史密斯和贝兹发现社会自我效能感与社交焦虑显著负相关[16]。另一项关于在美中国留学生的研究发现社会自我效能感对文化适应压力产生间接的预测作用[37]。所以,本研究试图探索社会自我效能感如何通过角色压力间接影响社交媒体倦怠。因此,本文提出以下假设:

研究假设4:社会自我效能感通过角色压力各维度的中介作用影响社交媒体倦怠。

研究假设4a:社会自我效能感通过角色冲突的中介作用影响社交媒体倦怠。

研究假设4b:社会自我效能感通过角色模糊的中介作用影响社交媒体倦怠。

研究假设4c:社会自我效能感通过角色超载的中介作用影响社交媒体倦怠。

谢东(Dong Xie)以职业人群为对象,研究结果发现4小时轮岗工作的中期,电话调查员的社会自我效能感越高,其压力—负担联结越弱[38]。换言之,社会自我效能感对社交情境下的压力—负担具有调节作用。所以本研究受其启发,试图验证社会自我效能感对角色压力与社交媒体倦怠这对虚拟社交情境下的压力—负担联结是否也能发挥调节作用。因此,本文提出以下假设:

研究假设5:社会自我效能负向调节角色压力各维度与社交媒体倦怠之间的关系。

研究假设5a:社会自我效能负向调节角色冲突与社交媒体倦怠之间的关系。

研究假设5b:社会自我效能负向调节角色模糊与社交媒体倦怠之间的关系。

研究假设5c:社会自我效能负向调节角色超载与社交媒体倦怠之间的关系。

2. 研究模型

除了性别、学历、年龄等个人基本特征之外,还有很多因素可能会影响社会自我效能感和社交媒体倦怠的关系。如在同一社会自我效能感水平下,个体的微信使用年限越长,好友数量越多,联系人分组数量越多,他在社交媒体上所要花费的时间精力越多,则越可能产生倦怠。因此,本研究把性别、学历、年龄、微信使用年限、好友数量、分组数量6个变量作为控制变量应用于模型中,使得模型更加全面真实。

最终,本文的研究模型如图1所示。

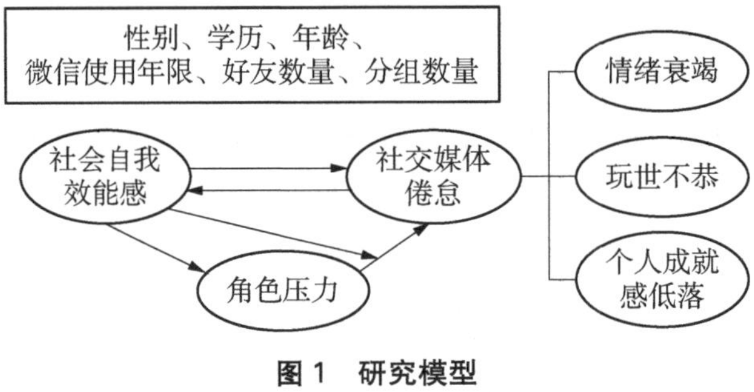

图1 研究模型

三、研究设计

1. 变量的概念化及测量

社交媒体倦怠量表主体采用克里斯蒂娜·马斯拉赫(Christina Maslach),维尔马尔·肖费利(Wilmar Schaufeli)等学者1996年编制的MBI-GS量表,情绪衰竭分量表参考了郭佳杭基于罗摩克里希纳·阿亚加里(Ramakrishna Ayyagari)等人研究开发的情感疲惫量表,并结合微信情境进行了适当修改和细化。该量表为三因素结构,其中情绪衰竭为5道正向问题,玩世不恭为2道正向题,个人成就感低落为4道负向问题。采用李克特7级量表,分数越高,表示受试者感觉到的情绪衰竭和玩世不恭的程度越严重,个人成就感越强。

社会自我效能感采用孟慧等修订的成人社交自我效能感量表的中文版,共18道题目。该量表为单因素结构,共18个条目。问卷题项采用李克特7级量表,分数越高表明社会自我效能感越高。

角色压力采用郭佳杭根据抑郁自评量表(SDS)开发的微信场景中的量表进行测量。该量表为三因素结构,角色冲突分量表共5题,皆为正向题;角色模糊分量表共4题,皆为负向问题;角色超载分量表共4题,皆为正向题。问卷题项采用李克特7级量表,分数越高,表示受试者感觉到的角色冲突越高,角色模糊越低,角色超载越高。

2. 数据收集

本文以上海市大学生为抽样对象,为保证问卷填写质量,采用线下发放纸质问卷的形式。为保证误差小于5%,并考虑到问卷填写无效的情况,最终决定在全市抽取600名学生作为样本总体。考虑到样本的覆盖率和调研的可行性,调查采用学校—教室—学生的多阶段抽样方案(见表1),在上海市内选取3所大学进行抽样。根据2018年上海市毕业生人数比例(即本科生8.6万和专科生4.8万)进行估算,最终决定抽取2所本科院校和1所专科院校。利用随机数表生成随机数后进行系统抽样,最终确定在复旦大学、上海理工大学和上海商学院三所学校以教室为第二阶段抽样单元进行系统抽样。

此外,调研期间为问卷填写者准备了小礼品作为填写奖励。经过为期一周的实地调研,实际发放问卷600份,剔除无效问卷41份,共回收有效答卷559份,回收率为93.17%。问卷填写者中,男性305人,女性254人。专科、本科、研究生的比例大致为3∶5∶2。有效样本中,使用微信时间超过3年的人群所占比例为69.8%。总体上来说是典型的微信使用人群,符合本研究模型的测量要求。

表1　多阶段抽样方案

第一阶段抽样单元	第二阶段抽样单元	第三阶段抽样单元
学校	教室	学生
分层抽样	整群抽样	系统抽样

四、数据分析

1. 信效度检验

本文采用克龙巴赫**α**系数来表示信度的大小,一般来讲,大于0.7则表示量表具有较好的信度。本研究中的8个变量的克龙巴赫**α**系数的值均在0.7上,说明本问卷的可靠性较高,可用于实证分析研究(见表 2)。

表 2 信度检验

变量	项数	克龙巴赫 α 系数
角色冲突	5	0.741
角色模糊	4	0.759
角色超载	4	0.726
社会自我效能感	18	0.892
情绪衰竭	5	0.823
玩世不恭	2	0.724
个人成就感低落	4	0.724
社交媒体倦怠	11	0.727

由于本文所参考的量表在相关研究领域被使用多次,所以效度较高。各变量组合信度(CR)的值都在 0.6 以上,平均提取方差值(AVE)都大于 0.5,说明各量表具有较好的聚合效度。各个构念 AVE 的平方根结果均大于自身与其他构念的相关系数,因此可以说明组成角色压力和社交媒体倦怠的各构面均具有区别效度(见表 3)。

表 3 效度检验

变量	角色冲突	角色模糊	角色超载	情绪衰竭	玩世不恭	个人成就感低落
角色冲突	0.686					
角色模糊	−0.332**	0.744				
角色超载	0.173**	−0.089*	0.742			
情绪衰竭	0.130**	−0.005	0.417**	0.761		
玩世不恭	0.151**	−0.073	0.311**	0.273**	0.860	
个人成就感低落	−0.130**	0.389**	0.021	0.024	0.107*	0.742

注:表中斜对角线为各构念 AVE 的平方根,对角线以下为构念间的相关系数。*** $P<0.001$,** $P<0.01$,* $P<0.05$,下表同。

2. 回归关系检验

本文采用 SPSS 软件中的皮尔逊(Pearson)相关系数来分析各变量间的相关关系,然后对相关关系显著的变量进行回归分析以验证本研究模型中提出的假设。最后,通过对 559 份有效问卷进行分析,数据分析结果如下:

社会自我效能感($\beta=-0.201$,$P<0.001$)对社交媒体倦怠有显著的负向影响,研究假设 1 得到了支持。其中,社会自我效能感对情绪衰竭有显著的正向影响($\beta=0.169$,$P<0.001$),研究假设 1a 不成立;对玩世不恭($\beta=-0.114$,$P<0.01$)和个人成就感

低落（$\beta=-0.530$，$P<0.001$）有显著的负向影响，研究假设 1b 和 1c 成立。说明如果微信用户在现实中的社会自我效能感越高，那么他在虚拟社交中会感受到越多的情绪衰竭、越少的玩世不恭和越少的个人成就感低落。即社会自我效能感高的人比社会自我效能感低的人在使用社交媒体时更多地感到情绪衰竭，但是他们更少产生逃离回避等行为，也更少地在虚拟社交中感到缺乏成就感。

社交媒体倦怠（$\beta=-0.201$，$P<0.001$）对社会自我效能感有显著的负向影响，研究假设 2 得到了支持。其中，情绪衰竭对社会自我效能感有显著的正向影响（$\beta=0.213$，$P<0.001$），研究假设 2a 不成立；玩世不恭（$\beta=-0.116$，$P<0.01$）和个人成就感低落（$\beta=-0.523$，$P<0.001$）对社会自我效能感有显著的负向影响，研究假设 2b 和 2c 成立。说明微信用户越感到情绪衰竭，在现实中的社会自我效能感反而越高。越逃离，在现实中的社会自我效能感越低。如果微信用户在虚拟社交中无法获得成就感，也会导致他在现实社交中缺乏信心。

角色压力（$\beta=0.397$，$P<0.001$）对社交媒体倦怠有显著的正向影响，研究假设 3 得到了支持。其中角色冲突（$\beta=0.092$，$P<0.05$）、角色模糊（$\beta=0.180$，$P<0.001$）、角色超载（$\beta=0.403$，$P<0.001$）对社交媒体倦怠均有显著的正向影响，研究假设 3a、3b、3c 均成立。即微信用户在使用朋友圈中感知到的角色冲突、角色模糊和角色超载可以显著加剧他们的社交媒体倦怠（见表 4）。

表 4　回归关系检验

因变量	自变量	标准化 β	t	R	调整后 R^2	F
情绪衰竭	社会自我效能感	0.169	4.049***	0.169	0.027	16.393***
玩世不恭		−0.114	−2.706**	0.114	0.011	7.323**
个人成就感低落		−0.530	−14.767***	0.530	0.280	218.070***
社会自我效能感	情绪衰竭	0.213	5.896***	0.572	0.323	89.811***
	玩世不恭	−0.116	−3.189**			
	个人成就感低落	−0.523	−14.934***			
社交媒体倦怠	角色冲突	0.092	2.250*	0.438	0.188	44.006***
	角色模糊	0.180	4.440***			
	角色超载	0.403	10.400***			

3. 中介效应

根据温忠麟等提出的中介效应检验程序[39]，本文利用 SPSS 的回归分析进行检验。对于研究假设 4a，社会自我效能感作为自变量（x），社交媒体倦怠作为因变量（y），角色冲突作为中介变量（u）。第一步，检验社会自我效能感对社交媒体倦怠的回归，分析结果得到标准化系数 β 值为-0.201，显著性 P 值为 0.000，回归系数显著；第二步，检验社会自我效能感对角色冲突的回归,得到标准化系数β值为0.224,显著性P值为0.000,回归系数显著;第三步,检验社会自我效能感和角色冲突对社交媒体倦怠的回归,得到标准化系数β值分别为−0.236和0.155,显著性P值均为0.000,回归系数显著,研究假设5a成立,且社会自我效能感的标准化系数β值绝对值增加了0.035。基于以上数据分析结果,表明角色冲突在社会自我效能感与社交媒体倦怠之间存在部分中介作用(见表5)。

表5 角色冲突的中介效应依次检验(研究假设4a)

	标准化回归方程	回归系数检验
第一步	$y=-0.201x$	$SE=0.039, t=-4.837^{***}$
第二步	$u=0.224x$	$SE=0.034, t=5.435^{***}$
第三步	$y=0.155u$ $-0.236x$	$SE=0.032, t=3.678$ $SE=0.039, t=-5.592^{***}$

以此类推,分别检验角色模糊、角色超载在社会自我效能感与社交媒体倦怠之间的中介作用。统计结果显示,其他两个构面的中介作用均不显著,研究假设4b和4c不成立。

4. 调节效应

采用SPSS的分层回归方法进行调节效应的检验。对于研究假设5a,角色冲突作为自变量,社交媒体倦怠作为因变量,社会自我效能感作为调节变量。由表6可知,角色冲突与社会自我效能感的交互项对社交媒体倦怠的回归系数为0.104,显著性水平$P<0.05$,所以社会自我效能感调节角色冲突与社交媒体倦怠之间的关系显著。

表6 社会自我效能感的调节效应分层回归(研究假设5a)

变量	第一层 (因变量:社交媒体倦怠)	第二层 (因变量:社交媒体倦怠)
角色冲突	-0.236^{***}	-0.241^{***}
社会自我效能感	0.155^{***}	0.181^{***}
角色冲突× 社会自我效能感	/	0.104^{*}
$\triangle R^2$	0.010	
R^2	0.063	0.073

由图2可知,在不同程度的社会自我效能感情况下,社会自我效能感对角色冲突和社交媒体倦怠的调节作用都为正向影响。当用户社会自我效能感高时,角色冲突对社交媒体倦怠的影响较大;当用户社会自我效能感低时,角色冲突对社交媒体倦怠的影响较平稳。这说明使用社交媒体时,高社会自我效能感的人产生角色冲突之后,更容易产生社

交媒体倦怠。研究假设5a得到了部分支持，社会自我效能感显著调节角色冲突与社交媒体倦怠之间的关系，但“社会自我效能感越高，角色冲突与社交媒体倦怠的正向关系越弱”这一假设不成立。

以此类推，分别检验社会自我效能感对角色模糊、角色超载与社交媒体倦怠之间关系的调节作用。统计结果显示，其他两个构面的调节作用均不显著，研究假设5b和5c未能得到支持。

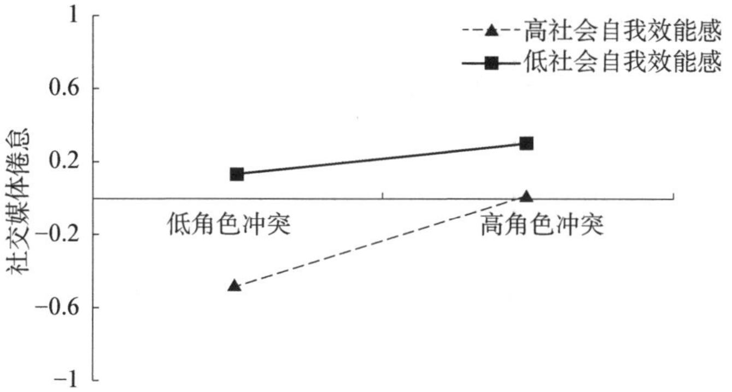

图2 社会自我效能感对角色冲突与社交媒体倦怠关系的调节效应

5. 控制变量

一般来说，将在因变量上存在显著差异的变量作为控制变量更严谨。首先验证性别、学历、年龄、微信使用年限、微信好友数量、微信分组数量对社交媒体倦怠的影响。经验证：不同微信好友数量（$F=2.905$，$P<0.01$）的用户之间的社交媒体倦怠存在显著性差异。而不同性别（$T=1.489$，$P>0.05$）、不同学历（$T=0.830$，$P>0.05$）、不同微信使用年限（$F=1.403$，$P>0.05$）、不同微信分组数量（$F=1.134$，$P>0.05$）的用户之间的社交媒体倦怠没有显著性差异。因此，在社交媒体倦怠对社会自我效能感的回归分析中，微信好友数量作为控制变量纳入影响因素研究。在社交媒体倦怠对社会自我效能感的回归分析中，验证微信好友数量作为控制变量的影响。数据分析结果显示：排除了微信好友数量的混杂干扰之后，社会自我效能感依旧可以显著影响社交媒体倦怠（$\beta=-0.190$，$P<0.001$）。

按照上述步骤依次验证性别、学历、微信使用年限、微信好友数量、微信分组数量对社会自我效能感的影响。经验证：不同性别（$T=2.810$，$P<0.05$）、不同微信好友数量（$F=4.422$，$P<0.001$）的用户之间的社会自我效能感存在显著性差异。而不同学历（$T=0.028$，$P>0.05$）、不同微信使用年限（$F=1.060$，$P>0.05$）、不同微信分组数量（$F=1.747$，$P>0.05$）的用户之间的社会自我效能感没有显著性差异（见表7）。因此，在社会自我效能感对社交媒体倦怠的回归分析中，将性别、微信好友数量需要作为控制变量纳入影响因素研究。数据分析结果显示：排除了性别和微信好友数量的混杂干扰之后，情绪衰竭（$\beta=0.196$，$P<0.001$）、玩世不恭（$\beta=-0.112$，$P<0.01$）、个人成就感低落（$\beta=-0.504$，$P<0.001$）依旧可以显著影响社会自我效能感。

表7 控制变量检验

因变量	自变量	控制变量	T/F	P	回归关系
社交媒体倦怠	社会自我效能感	性别	1.489	0.137	\
		学历	0.830	0.407	\
		年龄	\	\	显著
		微信使用年限	1.403	0.232	\
		微信好友数量	2.905**	0.008	显著
		分组数量	1.134	0.341	\
社会自我效能感	社交媒体倦怠	性别	2.810**	0.005	显著
		学历	0.028	0.978	\
		年龄	\	\	显著
		微信使用年限	1.060	0.375	\
		微信好友数量	4.422***	0.000	显著
		分组数量	1.747	0.108	\

五、结论

1. 虚拟对现实的侵蚀

这种侵蚀主要表现为虚拟世界对于现实的人的异化。研究假设1a、1b的验证结果显示,社会自我效能感高的用户,在虚拟社交中反而会感受到更多的情绪衰竭,但他们却比社会自我效能感低的用户更不容易逃离或回避社交媒体。一方面,这可能与微信的高度普及相关。强烈的主观规范一致性,反而让人们更加积极地持续使用微信以提高自己的社交效能,而不是中断使用或放弃。另一方面,不少对成人的研究表明人们会为了“获得社会支持”持续参与虚拟交往[40-42]。因为来自虚拟空间的支持有其独特的优点:可以不用回报、可以获得更广泛的支持、可以随时寻求帮助等[43-44]。因此也就出现了非常有趣的现象:社会自我效能感高的用户既是高应用群体又是高倦怠群体。这种主观情感和实际使用行为相互剥离的情况充分反映了虚拟世界对人的网络异化,即人在网络世界中迷失甚至丧失自己的主体性,从而被虚拟这种手段同化为网络世界的一部分,成为受制于网络的客体。

2. 现实对虚拟的矫正

班杜拉认为,个体在面临某项活动任务时产生强烈的激动情绪,通常会妨碍行为表现并降低自我效能感。然而据此提出的研究假设2a的验证结果却恰恰与之相反,用户在虚拟社交空间中感到时间、精力被耗尽,反而会让他们对自己在现实交往中的社交能力信心更强。事实上,自我效能理论还指出,平和、中等强度的情绪有助于自我效能感的形成,而过度强烈的情绪会削弱自我效能感的功效发挥。因此,本文对这一结果目前有两种猜测:第一是测量情绪衰竭的量表是面向所有人设计的，而这些题项所对应的时间、精力被耗尽的程度对于高社会自我效能感的群体来说，并未达到过度强烈的地步，反而是有助于自我效能感形成的中等强度；第二是虚拟社交空间中感受到的情绪衰竭状态在用户回到现实中时，会有所削弱，从一种极度强烈的消极情绪变成相对稳定的理性状态，这种适度的刺激反而使个体对自己在社会交往中能达到的预期有了更坚定的信心。后者体现的正是现实对虚拟的矫正，即现实世界可以在一定程度上减少虚拟世界的消极影响。

3. 虚拟与现实相互建构

在研究假设 2b 和 2c 中，将玩世不恭、个人成就感低落分别视作一种失败的经验和经历失败之后的情绪认知。根据自我效能感理论，这种失败经验及其产生的情绪认知会带给用户社会自我效能感的降低，数据分析结果印证了这一假设。可见，虚拟社交空间中遭受的失败经验不会随着用户在虚拟空间的脱身而烟消云散，而是会直接影响用户在现实中对于自己社交能力的认知和预期。正如社会学者夏学銮所说，“虚拟空间”为人类的沟通和互动创造了一个新的场域和一种新的形式，就其互动的过程效果和最终结果来说并不是“虚拟”的，而是真实的。网络互动在本质上也是一种社会互动，所不同的只是其形式而已[45]。

研究假设 4a 的成立验证了角色压力在社会自我效能感与社交媒体倦怠之间发挥着中介作用，即社会自我效能感通过角色冲突的中介作用影响社交媒体倦怠。这一结论补充指出了社会自我效能感对社交媒体倦怠的影响路径：一是研究假设 1 中验证的社会自我效能感通过情感机制、选择机制和认知机制对社交媒体倦怠的三个不同维度直接产生正向或负向的影响，二是通过研究假设 4a 中验证的角色冲突的中介作用对社交媒体倦怠产生间接影响。这说明用户在现实中的社交认知深刻地影响着他在虚拟社交环境中的情绪状态和行为表现，这一结论也再次印证了虚拟空间和现实社会在交往方式上的内在联系、运行逻辑上的相互建构。

4. 虚拟与现实相互渗透

事实上，虚拟与现实已深度交织融通，成为与现实相对应、人类不可或缺的生活样态。根据单因素方差分析的结果，不同微信好友数量的用户之间的社交媒体倦怠存在显著的差异，这似乎在情理之中。显然，好友数量越多的用户，所面临的信息过载、社交过载、隐私风险、角色压力都更加严重，社交媒体倦怠也自然与好友数量较少的用户存在一定的差距。但是数据结果还显示：不同微信好友数量的用户之间的社会自我效能感也存在显著的差异。换句话说，虚拟空间中好友数量不同的个体之间对于自己在现实中社会交往能力的认知也有着明显的差异。这说明虚拟社交已切实渗透到个人社交关系中，个人对自己社交关系的管理和认知不是将虚拟关系与现实关系截然分开、各自管理，而是交叉认知、统一管理。同时，这一结果也与微信熟人社交为主的平台属性相关，不同于微博、豆瓣、小红书等社交媒体，微信上强关系与弱关系交织，社交网络相对更为复杂。这加大了用户完全划清其中虚拟关系与现实关系界限的难度。

5. 虚拟和现实的支点：人的主体性

研究假设 3a 验证了角色冲突对社交媒体倦怠的正向影响，而研究假设 5a 进一步验证了社会自我效能感对这一“压力—负担”联结关系的调节作用，并且数据分析结果显示高社会自我效能感的人产生角色冲突之后，会引起社交媒体倦怠更大幅度的波动。高社会自我效能感的人一般具有较高的自尊心，而自尊会正向影响个人的印象管理[46]。因此，产生角色冲突时，高社会自我效能感者会比低社会自我效能感者更加迫切和谨慎地协调各种角色期待，从而更容易产生倦怠感。此前，社会自我效能感对“压力—负担”的调节作用大多是在工作领域得到验证，这一结论丰富了社会自我效能感作为调节变量的研究语境。更重要的是，社会自我效能感对角色压力和社交媒体倦怠之间关系的调节作用认证了在虚拟与现实的互动中人的主体性。虚实关系的变化根据就在于人的选择和相关努力。正如虚拟会带来人的暂时性异化，但只要人的主体性尚未丧失，虚拟就不可能完全侵蚀现实。人的主体性既是虚拟与现实边界的尺度，又是虚拟与现实相互作用的支点。

六、讨论与展望

1. 研究启示

本文对于研究者的启示在于以互动视角审视人与技术的关系。技术决定论的坚持者往往认为强大媒介技术的内在逻辑压迫着人类，导致人类的异化。社会决定论者则认为是人类自身在使用媒介技术的过程中没有把握尺度，引起了自身心理和行为上的异化。无论是技术决定论还是社会决定论，都有把一方的作用绝对化的倾向[47]。以社会自我效能感与社交媒体倦怠之间的交互影响机制为切入点，可以洞见人类和媒介技术是相互依存、相互影响的关系。一方面，媒介的技术逻辑潜移默化地影响现实。另一方面，人类也会有工具理性与价值理性的权衡。换言之，网络是现实的延伸，更是现实的人的延伸。

本文对于社交媒体使用者的启示在于探索建立全新的“自我”认知体系。今后虚拟交往将会因其自由、方便、联系广泛等优点成为人们与外界联系的常用方式，并将成为人们生活的一部分，两者将会走向融合并形成一种新的社会关系状态[48]。因此，用户在社交媒体的使用中要保持自己的理性思考，用户媒介素养教育也应充分考虑引导用户如何把握虚拟社交和现实社交的边界，如何认识虚拟自我和现实自我，并使两者和谐共处。这也是对“自我”概念的丰富和发展——“自我”不止在“主我”与“客我”的互动中产生和发展，而且在“虚我”与“实我”的相互碰撞中更新和突破。可见，虚实和谐不仅是必要的，也是可能的。

本文对于平台管理者的启示在于深入思考用户情感与平台使用行为的关系。仅少数用户发布内容，而大量用户选择沉默，如许多微信用户选择只刷朋友圈，较少发布动态、评论、点赞，平台上的互动就会变得越来越少。充分发挥高社会自我效能感用户的关键作用将有助于提高整个社区的活跃度，因此社交媒体管理者在平台运营中应充分注意用户情绪意向与使用行为剥离的问题。可以尝试平衡社交媒体的工具性和游戏性，通过游戏性的丰富来缓解工具性背后用户高倦怠的“伪使用”。作为虚拟世界的设计者之一，社交媒体管理者必须意识到自己的决策决定着虚拟世界的发展方向，更会深刻影响到整个现实世界和人类的未来走向。

2. 研究不足及展望

本研究探究了微信朋友圈中大学生群体社会自我效能感与社交媒体倦怠的交互影响机制，通过实证研究为理论及实践提供了相关启示。但回顾整个研究过程，本文还存在着一些不足。首先，本文仅调查了18～30周岁之间的大学生群体，不同年龄阶段、学历水平的人群在个体特质和媒介使用特征上会存在一定差异，因此未来研究应扩大调查人群的范围。其次，社会自我效能感和社交媒体倦怠都涉及复杂的社会心理与行为，仅采用问卷调查法略显单薄，将来应考虑综合运用深度访谈法、实验法等多种研究方法交叉验证。最后，当前的数据还无法确定社会自我效能感和社交媒体倦怠的交互影响在时间上的先后关系，后续研究可采用截面数据进一步验证。

参考文献

[1] 调查称人们正减少使用社交媒体的时间[EB/OL](2016-06-10)[2017-03-20]. http://news. sohu. com/20160610/n444537839 shtml.

[2] 199IT. 美国四大社交上市公司数据回顾和战略展望[EB/OL]. [2019-02-16]. http://www.199it. com/ar-chives/833171. html.

[3] 凯度. 2017中国社交媒体影响报告[EB/OL]. [2018-11-13]. https://cn. kantar. com/媒体动态/社交/2017/2017凯度中国社交媒体影响报告/.

[4] 胡波. 年轻人为何动辄给自己贴上"社恐"标签[N]. 中国青年报，2020-09-11(8).

[5] 殷正坤. 波普尔的世界和虚拟世界：兼与张之沧先生商榷[J]. 华中科技大学学报：人文社会科学版，2002(2)：20-24.

[6] 瓦伦丁，霍尔韦. 网络少年：青少年的网络和非网络世界[M]//曹荣湘. 解读数字鸿沟：技术殖民与社会分化. 上海：上海三联书店，2003：289.

[7] 卡斯特. 网络社会的崛起[M]. 夏铸九，等译. 北京，社会科学文献出版社，2001：445-446.

[8] 崔嵬. 在现实与虚拟之间：一塌糊涂BBS虚拟社区研究[D]. 北京：北京大学，2001.

[9] 霍洛克斯. 麦克卢汉与虚拟实在[M]. 刘千立，译. 北京：北京大学出版社，2005：83-86.

[10] 冯务中. 网络环境下虚拟与现实关系研究[D]. 北京：清华大学，2006.

[11] Adam P. More than love to be found on networking sites [N]. Reuters，2004-02-25.

[12] Techopedia. What is social media fatigue? [EB/OL]. (2017-01-03)[2021-03-21]. https://www. techopedia. com/definition/27372/social-media-fatigue.

[13] Bernstein E. How Facebook ruins friendships [N/OL]. Wall street Journal，2009-03-25[2019-07-13]. http://www. wsj. com/articles/SB10001424052970204660604574370450465849142.

[14] 谢名家，谢盛文，陆冠竹，赖易圣. 社交媒体倦怠对知识分享成效影响之研究[D]. 台北：远东科技大学，2015.

[15] 顾佳旎，孟慧，范津砚. 社会自我效能感的结构、测量及其作用机制[J]. 心理科学进展，2014，22(11)：1791-1800.

[16] Smith H M，Betz N E. Development and validation of a scale of perceived social self-efficacy. Journal of career assessment，2000，8(3)：283-301.

[17] Fichten C S，Bourdon C V，Amsel R，et al. Validation of the college interaction self-efficacy questionnaire：students with and without disabilities [J]. Journal of college student personnel，1987，28(5)：449-458.

[18] Fan J Y, Litchfield R C, Islam S, et al. Workplace social self-efficacy: concept, measure, and initial validity evidence[J]. Journal of career assessment, 2013,21(1):91 - 110.

[19] 张艳丰,李贺,彭丽徽. 移动社交媒体倦怠行为的影响因素模型及实证研究[J]. 现代情报,2017,37(10):36 - 41.

[20] Compeau D R, Higgins C A. Computer self-efficiency: development of a measure and initial test [J]. MIS Quarterly, 1995,19(2):189 - 211.

[21] Hermann K S, Betz N E. Path models of the relationships of instrumentality and expressiveness to social self-efficacy, shyness, and depressive symptoms [J]. Sex roles, 2014,51(1 - 2): 55 - 66.

[22] Liu X, Larose R. Does using the internet make people more satisfied with their lives? The effects of the internet on college students'school life satisfaction [J]. Cyber psychology & behavior, 2008,11(3):310 - 320.

[23] 李旭,陈世民,郑雪. 成人依恋对病理性网络使用的影响:社交自我效能感和孤独感的中介作用[J]. 心理科学,2015,38(3):721 - 727.

[24] 肖丽平,娄策群. 互联网发展环境下"信息超限"问题研究[J]. 图书馆学研究,2018(10):16 - 21,29.

[25] 彭丽徽,李贺,张艳丰,洪闯. 用户隐私安全对移动社交媒体倦怠行为的影响因素研究:基于隐私计算理论的 CAC 研究范式[J]. 情报科学,2018,36(9):96 - 102.

[26] 薛静,洪杰文. 角色压力视角下青年群体社交媒体倦怠影响因素研究:以微信朋友圈为例[J]. 新闻界,2020(7):21 - 32,40.

[27] Lee C, Chou S, Huang Y. A study on personality traits and social media fatigue example of Facebook users [J]. Lecture notes on information theory, 2014,2(3):249 - 253.

[28] Bright L F, Kleiser S B, Grau S L. Too much Facebook? an exploratory examination of social media fatigue [J]. Computers in human behavior, 2015(44):148 - 155.

[29] 郭佳杭. 角色压力对社会化媒体潜水意向的影响研究[D]. 大连:大连理工大学,2016.

[30] 成吉. 社交媒体倦怠及其成因分析[D]. 南京:南京大学,2018.

[31] 牛静,常明芝. 社交媒体使用中的社会交往压力源与不持续使用意向研究[J]. 新闻与传播评论,2018,71(6):5 - 19.

[32] 陈昊,李文立,柯育龙. 社交媒体持续使用研究:以情感响应为中介[J]. 管理评论,2016,28(9):61 - 71.

[33] Kahn R L, Rosenthal R A. Organizational stress: studies in role conflict and ambiguity [M]. New York: John Wiley & Sons Inc. ,1964.

[34] Peiró J M, González-Romá V, Tordera N, et al. Does role stress predict burnout over time among health care professionals [J]. Psychology & health, 2001,16(5):511 - 525.

[35] Bandura A. Self-efficacy: toward a unifying theory of behavioral change [J]. Advances in Behaviour research & therapy, 1977,1(4):139 - 161.

[36] Eastin M S, LaRose R. Internet self-Efficacy and the psychology of the digital divide [J]. Journal of computer-mediated communication, 2000,6(1)[2021 - 07 - 23]. http://jcmc. indiana. edu/vo16/issuel/east in. html.

[37] Lin S P. An exploration of Chinese international students' social self-efficacies [D]. Columbus: Ohio State University, 2006.

[38] Xie D. Buffering or strengthening: The moderating effect of self-efficacy on stressor-strain

relationship [J]. Journal of career assessment, 2007, 15(3): 351 - 366.

[39] 温忠麟,侯杰泰,张雷. 调节效应与中介效应的比较和应用[J]. 心理学报,2005(2):268 - 274.

[40] McKenna K Y A, Green A S. Virtual group dynamics [J]. Group dynamics: theory, research, and practice, 2002, 6(1): 116 - 127.

[41] Matzat U. Cooperation and community on the internet: past issues and present perspectives for theoretical-empirical internet Research [J]. Analyse & kritik, 2004, 26(1): 63 - 90.

[42] Johnston M. Netting citizens: exploring citizenship [M]. Edinburgh: Saint Andrew Press, 2004: 54 - 80.

[43] Wright K. Perceptions of on-line support providers: an examination of perceived homophily, source credibility, communication and social support within on-line support groups [J]. Communication quarterly, 2000(48): 44 - 59.

[44] Walther J B, Boyd S. Attraction to computer-mediated social support [M]//Lin C A, Atkin D. Communication technology and society: audience adoption and uses. Cresskill: Hampton Press, Inc., 2002: 153 - 188.

[45] 夏学銮. 网络社会学建构[J]. 北京大学学报(哲学社会科学版),2004(1):85 - 91.

[46] 徐琛. 自尊、外倾性与应聘者印象管理的关系研究[D]. 保定:河北大学,2015.

[47] 刘千才,张淑华. 从工具依赖到本能隐抑:智媒时代的“反向驯化”现象[J]. 新闻爱好者,2018(4): 13 - 16.

[48] 王德芳,余林. 虚拟社会关系的心理学研究及展望[J]. 心理科学进展,2006(3):462 - 467.

老年人数字素养对智能媒介设备使用行为的影响研究[①]

王　茜[②]　徐苗馨[③]

【摘　要】 随着银发族"触网"现象越来越普遍，数字社会的构成更加多元。在社会数字化转型浪潮的推动下，网上预约、网上挂号等数字化服务不断涌现，取代了传统的线下服务。然而，老年人却并未完全适应这一趋势。例如，部分老年人因不熟悉智能设备的各项操作，难以获取必要的信息和服务；面对海量网络信息，老年人往往难辨真伪。时代要求老年人不仅要会操作微信等社交媒体，还需要具备主动获取讯息、保护个人数据安全、分享信息等综合能力。

【关键词】 老年人；数字素养；智能媒介使用

20 世纪 90 年代，国外的学者们已经开始重视"数字素养"这一概念。1997 年，以计算机和网络的广泛使用为背景，保罗·吉尔斯特(Paul Gilster)撰写《数字素养》(*Digital Literacy*)一书，并提到了"数字素养"这一词，含义为"理解和使用通过计算机显示的各种数字资源及信息的能力"，也可称作数字时代的素养，并且列举出数字素养的四种重要能力：知识整合、在线搜索、内容评估和超文本导航，突出了在互联网环境中数字技术和讯息批判性思维的重要性[1]。来自以色列的学者约拉姆·埃谢特-阿尔卡莱(Yoram Eshet-Alkalai)提出了"数字素养"的定义框架，指出其包含 5 个方面：图片—视觉能力、再创造能力、超媒体和非线性思维、信息素养和社会—情感素养，并于 2012 年新增了"即时思考素养"，学界普遍认为该理论框架在数字学习领域具有重要地位。同时他还指出，数字素养是在数字时代生存的重要技能之一，关乎民众的基本生活能力，具有整合性和跨学科的特点[2]。

联合国教科文组织于 2018 年发布了对数字素养的新定义，即"为获得就业、拥有体面工作或自我创业，运用数字技术安全合理获得、整理、领会、呈现、评价和创作的能力"，包括计算机素养、信息通信技术素养、信息素养和媒介素养。该定义明确指出了数字素养提出的社会背景——就业、获得体面工作和创业，还指出了数字素养与相关素养概念的包含关系。此

① 本文系上海市哲学社会科学规划项目"智媒社会背景下上海老年人的数字困境及社会支持研究"(2021BXW010)的阶段性成果。

② 上海交通大学媒体与传播学院副教授。

③ 上海交通大学媒体与传播学院学生。

后，联合国教科文组织还发布了“全球数字素养框架”（Digital Literacy Global Framework，简称DLGF），将数字素养分为7个——设备与软件操作、信息与数据素养、沟通与协作、数字内容创建、数字安全、问题解决和职业相关能力，较为全面和详尽，旨在助力全世界公民注重数字素养教育质量监测，根据现有研究成果改善培育模式，加强数字素养（见表1）。

表1　联合国全球数字素养框架

能力域	具体能力
0. 设备与软件操作	0.1　数字设备的硬件操作
	0.2　数字设备的软件操作
1. 信息与数据素养	1.1　浏览、查找和筛选数据、信息与数字内容
	1.2　评估数据、信息与数字内容
	1.3　管理数据、信息与数字内容
2. 沟通与协作	2.1　使用数字技术互动
	2.2　使用数字技术分享
	2.3　使用数字技术参与公民事务
	2.4　使用数字技术合作
	2.5　网络礼仪
	2.6　管理数字身份
3. 数字内容创建	3.1　创建数字内容
	3.2　整合和重构数字内容
	3.3　版权与许可
	3.4　编程
4. 数字安全	4.1　保护设备
	4.2　保护个人数据与隐私
	4.3　保护健康与福祉
	4.4　保护环境
5. 问题解决	5.1　解决技术问题
	5.2　明确需求与技术解决方案
	5.3　创造性地使用数字技术
	5.4　明确数字能力鸿沟
	5.5　计算思维
6. 职业相关能力	6.1　使用特定专业领域的数字技术
	6.2　解释和运用特定领域的数据、信息与数字内容

在国内,学者张静将数字素养的定义分为广义和狭义:广义指"阅读、理解和使用数字信息资源的能力",狭义指"在数字环境下,运用数字技术,发现并获取、理解和评价、整合创造、交流和共享信息的一系列综合技能和文化素养"[3]。黄燕概括了数字素养的五大基本内容,即"获取数字信息的能力、进行数字交流的能力、创建数字内容的能力、提高数字安全的能力和解决数字问题的能力"[4]。李德刚面对我国的数字化环境,特地指出"数字素养"还包括对数字化内容与政治、经济、社会、文化之间关系能够产生认知、分析以及质疑的能力[5]。

此外,学者还常将数字素养与媒介素养、信息素养等概念进行比较。王佑镁、杨晓兰等人认为,数字素养是综合、动态且开放的概念,由媒介素养、计算机素养、信息素养、网络素养的演进而来;计算机素养和网络素养是数字素养的基础和核心,信息素养和媒介素养则作为数字化情境下的技能被囊括在内[6]。包雅君等人指出,这 5 个概念是在不同时代背景下提出的,根据时代发展的变化而变化;其中,数字素养侧重于对批判性思考的培养,这与媒介素养有类似之处,但数字素养还强调学习创新能力,这种能力会展现在个体数字环境下的生活、学习、工作中[7]。

随着社交媒体、短视频、各类用户生成内容(UGC)图文平台等在互联网的进一步渗透,为老年人自主创建数字内容提供了更多机会;"健康码"、网上挂号、社区团购等线上服务的普遍应用,更要求老年人们拥有快速学习的能力以适应快速变化的日常生活。基于以上背景和定义,本文选用"数字素养"这一概念进行研究。此外,我国数字素养教育还处于起步阶段,尚未形成国家级指导性数字素养研究框架和数字素养教育体系,所以研究还停留在数字素养评价模式探索、数字素养内涵研究、数字教育模式借鉴等层面,相关文献也较少。

国外将老年人和数字素养相关联的研究总体较少,但多于国内。在老年人的数字素养测量框架方面,萨拉·索伊恩·吴(Sarah Soyeon Oh)等人通过充分文献阅读发现,现有数字素养测量工具在起研究设计、实施方法和易用性等方面各有优点和缺点[8]。某些测量模式,如移动设备熟练程度问卷(Mobile Device Proficiency Questionnaire,MDPQ)更具有普遍性和包容性,因此,有利于测量老年人的数字素养。有必要对这些工具对老年人群的适用性进行更多的研究,特别是在"数字内容创造"和"安全"等领域,目前缺乏评估,他鼓励就数字化对老年人治疗的影响以及医学专业人士如何从这一现象中受益进行更多实证研究讨论。

埃谢特-阿尔卡莱等人试图研究,数字素养的变化是和年龄相关还是和技术经验相关。他们对不同年龄段的相同被试者进行了两次实验,时间跨度为 5 年,结果发现:①在强调经验和技术控制的任务(视觉任务和分支任务)中,年轻和年长参与者之间的差距缩小;②在强调创造性、批判性思维和信息再创造的任务中,青年和老年参与者的差距加大[9]。有学者发现,尽管智能手机对老年人群体有着较大的渗透,但拥有智能手机并不等于能够熟练使用,智能手机的使用障碍会阻碍各种依赖手机 App 的健康技术应用。他们招募了 100 多名 50~75 岁拥有智能手机的老年人并进行跟踪研究,发现一些旧型号的手机无法下载应用程序,许多被试需要志愿者的帮助来下载和安装应用程序,还需要对"使用蓝牙"之类的术语进行解释，指导他们将程序的默认设置更改为更适合于老年人等。研究指出，老年人们较差的数字素养阻碍了数字健康技术的使用。

一、研究方法

1. 问卷发放

本调查主要在上海市展开。上海市户籍人口中 60 岁以上老年人口 483.60 万人，占比 33.20%，是典型的深度老龄化的城市，为研究实施提供了可行性和便利性。本文研究选取 30 位在普陀区真如镇街道社区文化活动中心参与社会活动的老人进行了预调查。收回问卷后，将数据导入软件 SPSS 23.0 进行信度分析，考察量表的克龙巴赫(Cronbach's α)系数，发现测量各采纳因素和数字素养量表的信度均大于 0.70，信度良好，但部分老年人存在问卷题目理解困难的情况，因此对语句进行了通俗化处理后开展正式调查。问卷正式发放时，在上海市 14 个行政区中抽取老年活动中心进行发放。调查时，若被试不懂得如何在智能媒介设备上填写问卷或不理解题目含义，则由研究者进行口头提问、解释并记录被试的口头回答，同时附赠香皂、酸奶等礼品。通过多种发放途径，回收问卷 342 份。删去年龄不符、不居住在上海、没有配偶以及不使用智能手机的样本后，最终得到有效样本 302 个，有效率达 88.30%(见表 2)。

2. 量表制定

1) 智能媒介设备使用行为

使用行为量表共包含 5 题。第 1 题询问被试是否使用智能媒介设备。第 2 题考察电脑、智能手机、平板电脑、数字电视、智能手表等设备的使用频率，分为从不使用、偶尔使用、有时使用、经常使用四个等级。在方差分析、相关性分析和回归分析中，用使用频率表征使用行为。

2) 数字素养

数字素养测量主要参考联合国全球数字素养框架及李皓《国内中小学生数字素养现状与提升》一文的问卷设计[10]。考虑到老年人大多处于退休状态，因此 DLGF 中的第七个维度“职业相关能力”不做考察。问题采用李克特五级量表形式，经检验，效度良好(见表 2)。

表 2　数字素养测量

数字素养维度	问卷问题
设备与软件操作	我知道如何给手机和电脑等智能媒介设备开关机、重启、充电 我知道如何在智能媒介设备上下载、安装和删除软件(如微信、支付宝和新闻资讯类 App 等) 我知道这些软件的基本操作 我知道如何使用智能媒介设备输入汉字、数字、英文以及常用的标点符号等 我了解 App 要求定位、照片存储、联系人等权限的意义

续　表

数字素养维度	问卷问题
信息与数据素养	我知道如何下载图片、电子书、音乐、视频等 我知道如何使用百度或其他搜索引擎查询所需要的信息 我知道如何鉴别搜索到的信息的真实性 我知道如何收藏和整理喜欢的或所需要的文字、图片、视频和网页等
沟通与协作	我知道如何使用数字技术与他人互动，如群聊、朋友圈点赞评论等 我知道如何使用手机、平板电脑、笔记本电脑等设备和别人分享文字或图片、视频、网站等 我知道如何使用数字媒体技术与他人合作完成一项任务 在网络上聊天时，我知道要使用网络文明用语，注意行为规范 我拥有自己的微信号、QQ 号或者其他网络社交账号 我知道如何拒收或删除他人发来的聊天消息 我知道如何删除或拉黑别人、拒绝添加好友
数字内容创建	我知道如何在新媒体平台上发布文字、图片、视频等 我知道如何利用智能媒介设备修改图片、编辑视频，来表达自己的想法 我知道如何完善、整合、修改网络上获取的信息，以补充自己原有的知识体系 我了解网络知识产权，尊重原创内容，并知道应该在转载时注明出处
数字安全	我知道如何给手机、平板电脑、笔记本电脑等设备进行垃圾清理、病毒扫描、体检、定期维护等 我知道使用新媒体或智能手机具有一定的风险 我了解如何查找、学习有关新媒体安全的知识 我知道如何在使用新媒体时保护自己的隐私 我会在感到身体/心理疲劳时不再使用智能媒介设备
问题解决	我可以独立解决在使用手机、平板电脑、笔记本电脑等设备时遇到的问题 我会使用智能媒介设备或 App 等解决生活中遇到的困难 我认为自己的数字媒体使用技能还有待提高

3）信度检验

对问卷中的量表进行 SPSS 信度分析，结果显示，各量表的克龙巴赫 α 系数均大于 0.8，表明信度良好。

二、研究发现

1. 老年人智能媒介设备使用行为

在 336 份问卷中，302 份选择了“使用”智能媒介设备，使用率达 89.90%。在电脑、智能手机、平板电脑、数字电视、智能手表这 5 种智能媒介设备中，使用频率从高到低依次为：智能手机、数字电视、电脑、平板电脑、智能手表。从智能手机使用时长来看，41.06%的老年人日均使用 1～3 小时，30.79%日均使用 3～6 小时，日均使用 6 小时以上的仅占 15.57%（见表 3、表 4）。

表 3　智能媒介设备使用频率

名称	最小值	最大值	平均值	标准差	中位数
电脑使用频率	1	4	2.45	1.14	2
智能手机使用频率	1	4	3.43	0.83	4
平板电脑使用频率	1	4	2.23	1.01	2
数字电视使用频率	1	4	2.88	1.04	3
智能手表使用频率	1	4	1.73	0.94	1

表 4　老年人智能手机日均使用时长

选项	频数	百分比/%	累积百分比/%
1 小时以内	38	12.58	12.58
1～3 小时	124	41.06	53.64
3～6 小时	93	30.79	84.44
6～9 小时	40	13.25	97.68
9 小时以上	7	2.32	100.00
合计	302	100.00	100.00

社交通信(如微信等)是老年人首要使用的 App 类型,普及率达 61.92%,可见,社交通信是老年人使用手机的主要目的,但其普及率还是远低于其他年龄段人群。其次是系统工具类 App,如天气预报、日历、相册、应用商店等,占比 37.42%,这类 App 方便了老年人的生活。再次是影音播放类 App,占比 35.10%,在线下发放问卷时,许多老年人向研究人员表示平时会通过手机观看视频来消磨时间(见图 1)。

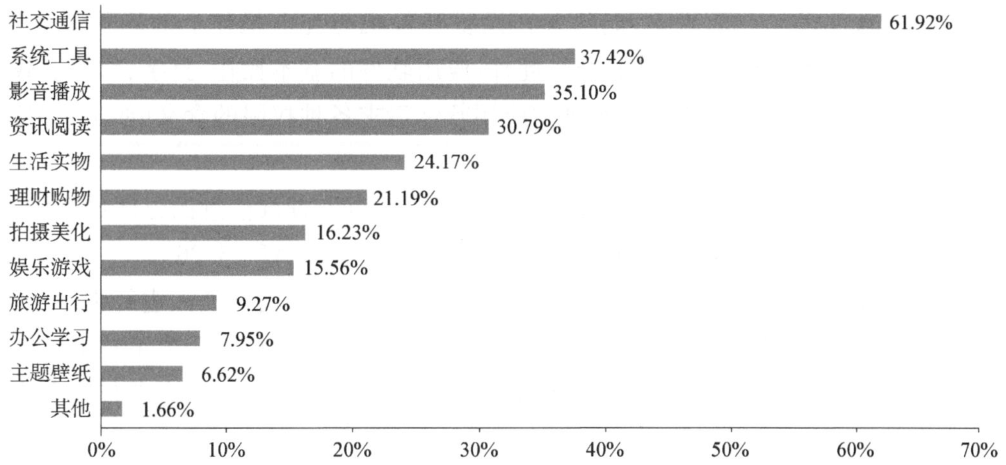

图 1　老年人智能手机主要使用的 App 类型

在信息关注类型方面,最受老年人关注的是社会民生类信息(占64.57%),其次是时事政治类信息(占58.94%)。值得注意的是,戏剧、综艺和娱乐类信息的关注度排名第三(占43.38%),这与影音播放类App的使用率相呼应,凸显了手机娱乐功能在老年群体中的重要性(见图2)。

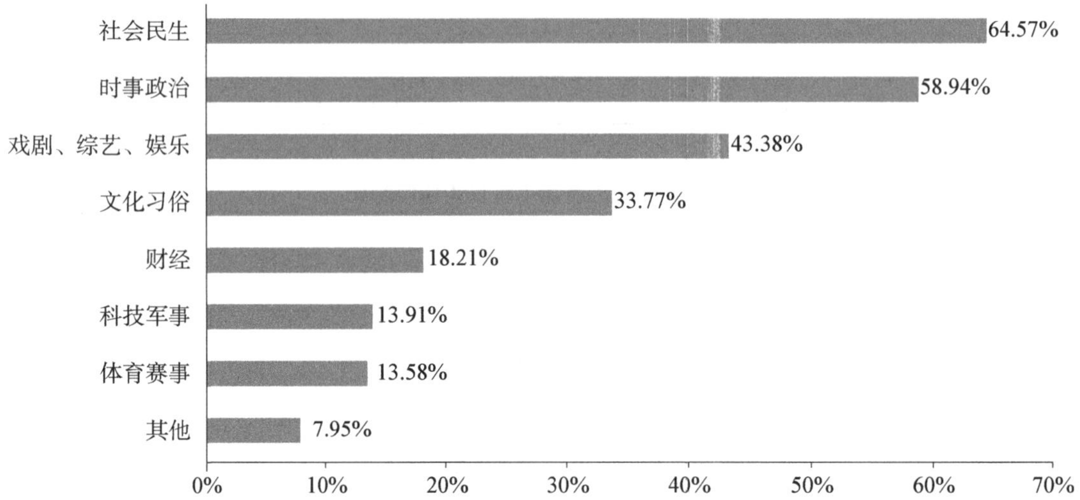

图2　老年人在智能手机上主要关注的信息类型

2. 老年人数字素养

将数字素养总体、各维度及各条目得分分别加总计算均值后,可以看出老年人数字素养的优势与薄弱之处。所有被试的数字素养平均值为3.53。总体而言,老年人的设备与软件操作最优(M=3.77),其次是沟通与协作能力(M=3.65),较为薄弱的是数字内容创建能力(M=3.25)(见表5)。

从设备与软件操作方面来看,老年人在设备开关机与充电操作上的均值最高(M=4.21),这也是智能手机的基本使用技能。此外,应用软件的基本操作、打字、软件下载等能力也处于良好水平,但老年人普遍不太理解应用软件请求各种权限的含义(如定位跟踪、通讯录权限)。

在信息与数据素养方面,老年人基本掌握使用搜索引擎查询信息的方法(M=3.69),但令人担忧的是,他们并不知晓如何鉴别所获知信息的真实性(M=3.26)。

沟通与协作上,多数老年人拥有自己的社交账号,也知道如何与他人进行沟通互动,如聊天、点赞、评论,这也是相对容易的操作。然而,他们不知道如何使用数字技术与他人协作。相较于中青年运用数字技术与他人共同完成工作和学业任务,老年人参与数字协作的需求与机会并不多。

在数字内容创建维度,均分最高的是发布文字、图片、视频这一项(M=3.50),但相较其他条目,优势并不明显。所有数字素养中,最为薄弱的是“修改图片、编辑视频”这一项(M=3.06)。在线下调查中,有老人表示:“我只会直接转发文章,或者拍完照直接发送,不会修图，更不会剪辑视频。”此外，老人对网络知识产权的了解程度也较低（M=3.13）。

在数字安全方面，老年人普遍认识到使用手机或新媒体具有一定程度的风险（M=3.87），具有较强的风险意识，但与此相对的是，并不知道如何对设备进行维护（M=3.28）。对于隐私防范，“社交倾向”这一变量的均值仅为2.83，反映出老年人更倾向于通过拒绝陌生人添加好友、避免结交网友的方式来保护自己。

在问题解决的维度上，老年人并不能独立解决智能媒介设备使用问题（M=3.07），通常依赖配偶、子女等协助。值得欣慰的是，老年人普遍认为自身数字媒体技能还有待提高（M=3.96），这一项的均分仅次于开关机等操作（见表5）。

表5　数字素养总体及各维度均值

名称	平均值	标准差	中位数
设备与软件操作	3.77	0.87	4.00
信息与数据素养	3.44	0.10	3.50
沟通与协作	3.65	0.85	3.71
数字内容创建	3.25	1.07	3.25
数字安全	3.52	0.89	3.60
问题解决	3.49	0.87	3.33
数字素养(总)	3.53	0.81	3.57

3. 使用意愿和数字素养对使用行为的影响

之后，本文探索了使用意愿和数字素养对使用行为的影响。使用行为的量化采用“智能手机使用频率”这一题项。同样采用逐步回归的方法，构建的两个模型均具有统计学显著性。控制变量保持不变，将使用意愿和数字素养的六个维度设为自变量。对控制变量，年龄显著负面影响智能手机使用行为（0.02**），配偶的学历会显著正面影响使用行为（0.19**），即年龄越大，使用智能手机的频率越低，配偶的学历越高，使用行为越多。加入相关变量后，得到模型2的R^2为0.32，有32.0%的解释力。可以发现使用意愿对使用行为有显著正向影响（0.28***）。在数字素养方面，设备与软件操作（0.37***）、沟通与协作（0.24*）、问题解决（0.36***）三个方面均显著正向影响使用行为，其中设备与软件操作的影响最为突出，但仍弱于使用意愿的影响（见表6）。

表6　数字素养与智能媒介设备使用意愿——使用行为线性回归分析

	模型1	模型2
年龄	−0.02**(−2.89)	−0.01(−1.18)
性别	0.07(0.67)	0.01(0.08)
学历—自己	0.02(0.38)	0.06(1.38)

续 表

	模型 1	模型 2
学历—配偶	0.19**(3.94)	0.11*(2.50)
月均可支配收入	0.05(1.41)	0.05(1.38)
使用意愿		0.28***(4.11)
设备与软件操作		0.37***(3.62)
信息与数据素养		−0.11(−1.21)
沟通与协作		0.24*(2.21)
数字内容创建		−0.13(−1.70)
数字安全		−0.15(−1.69)
问题解决		0.36***(4.43)
R^2	0.11	0.32
调整 R^2	0.09	0.29
$\triangle R^2$	0.11	0.21
F 值	7.28***	11.07***

因变量:使用行为,* $P<0.05$,** $P<0.01$,*** $P<0.001$,括号中为 t 值。

4. 中介效应检验

为了检验假设中数字素养的中介效应,本文采用 SPSS 软件中的 Bootstrapping 方法进行检验。该方法中,若置信区间的上限与下限均不包含 0,可认为中介效应显著。本文以使用意愿为自变量,使用行为为因变量,年龄、性别、学历(自己和配偶)、月均可支配收入为控制变量,数字素养的六个维度为中介变量进行网络检验。检验时,默认六个维度之间为平行中介的关系。通过表 7 可以看出,设备与软件操作、沟通与协作、问题解决在使用意愿与使用行为中起到中介作用,中介效应占比依次为 38.74%、24.47%和 29.5%,表明上述三个变量均为部分中介变量。这意味着使用意愿不仅直接影响使用行为,还通过数字素养对使用行为产生影响。其中,设备与软件操作的中介效应最为显著。

表 7 数字素养的中介效应检验

中介路径	效应值		标准误	Bootstrapping 校正偏差的置信区间,置信水平为 95% 下限	Bootstrapping 校正偏差的置信区间,置信水平为 95% 上限	中介效应占比
	总效应	0.62***	0.05	0.00	0.15	
使用意愿→中介变量→使用行为	直接效应	0.28***	0.07	0.00	0.15	

续 表

中介路径	效应值		标准误	Bootstrapping 校正偏差的置信区间，置信水平为95%		中介效应占比
				下限	上限	
使用意愿→设备与软件操作→使用行为	中介效应	0.24	0.07	0.11	0.39	38.74%
使用意愿→信息与数据素养→使用行为	中介效应	−0.07	0.05	−0.18	0.03	
使用意愿→沟通与协作→使用行为	中介效应	0.15	0.07	0.03	0.29	24.47%
使用意愿→数字内容创建→使用行为	中介效应	−0.08	0.04	−0.16	0.01	
使用意愿→数字安全→使用行为	中介效应	−0.09	0.05	−0.19	0.00	
使用意愿→问题解决→使用行为	中介效应	0.18	0.05	0.09	0.28	29.50%

三、讨论

随着移动互联网技术的发展，日常生活中的支付、预约、缴费等事务都能通过手机完成，随处可见的二维码推动智能手机的普及和使用达到新高度。此外，子辈和孙辈对智能手机的依赖，同样会影响老人对智能手机的认知。对老人而言，在朋辈、社会和亲密关系的影响下，智能手机的价值更显突出。在此情况下，任务难度对其使用意愿的影响被削弱，对成功的渴望以及对智能手机价值的感知被凸显，这可能削弱感知易用性对老年人使用意愿的影响，甚至产生相反的作用。

习得性无助理论中指出，如果个体将不可控制的消极事件归因于内部的、稳定的、普遍的因素，就会出现弥散的无助或抑郁状态，自我评价就会降低，动机也减弱到最低水平；反之，经历消极事件后产生的无助感若局限于特定时空或不普遍，便不足以降低自我评价和弱化动机，甚至还会强化随后的行为动机，即消极事件原因的可控制性、稳定性和普遍性共同决定了无助感的产生和随后的行为动机，而不是单独起作用。这一理论常被运用于教育学领域，例如，当成绩优异的学生出现成绩下滑从而产生消极情绪时，教师可以告诉学生成绩下滑的原因并不是学生的能力不够（即稳定性因素），而主要是学生近期不够努力（即不稳定因素），使其相信只需加倍努力、放松心情、改善学习方法，便有希望取得进步；这样的归因有助于学生重拾自信，增强自我期望，进而拥有强烈的成就动机。同理，尽管老人对智能手机的感知易用性较低可能引发消极情绪，但家人、朋辈以及社会的帮助能抑制这种情绪,使“不会使用手机”不再是不可控事件;手机使用仅是生活的一部分,且出现在老年阶段,这方面的不足并不代表老人在其他生活方面同样存在困难,因此这一消极事件也不具有普遍性;老人自身也可能将“不会用手机”归因于新技术、新产品(不稳定因素),而非自身能力较差(稳定因素),经他人帮助后便可很快学会,能更好地融入社会、赶上时代,从而产生克服困难的自信,增强使用意愿。

总之,尽管感知易用性不强,老人仍可能因为智能手机具备较高的价值或是消极事件可控而产生较强的使用意愿。老年群体的人口学背景会对技术采纳因素、使用意愿和使用行为产生影响。例如,女性的使用意愿通常比男性更高。退休之后,有不少女性老年人会借助广场舞和社区活动等来扩大自己的社交圈、丰富退休生活。

积极老龄化理念和身体机能会显著影响老年人对新媒体技术的使用意愿,两者分别衡量老年人面对不可逆转的老化现象时的心理和生理状态。积极老龄化倡导老年人在晚年继续参与社会、经济、文化和公益事业,而积极的老化态度是实现社会参与的重要前提,新技术的使用则是退休后参与社会的重要方式。积极老龄化程度较高的老年人,其仍具备学习新技术的良好态度,心态也较为年轻,对新技术没有强烈的排斥心理和抵触感,其社会参与需求也促使他们不断学习和使用新技术。

总体来看,老年人基本掌握设备与软件的基础操作,能够运用智能手机进行沟通。这方面的操作比较简单,学习后即可掌握,也是老年人最为重要的数字素养,直接影响着老年人对智能手机的使用意愿和行为。老年群体对新媒体技术的风险有一定认识,能够运用手机完成基础的沟通任务,但在隐私保护和设备安全方面存在不足,防范风险的方法较为死板,如不愿意添加陌生人为好友。根据“弱连接威力理论”,在信息的扩散和传播上,“弱关系”和“强关系”起到同等作用,弱关系在提供新信息、新想法方面尤为重要。因而,老年人使用智能媒介设备可在做好自我保护的基础上主动拓展社交范围,充分享受智能媒介带来的便利。

参考文献

[1] Gilster P. Digital literacy [M]. New York: John Wiley & Sons, 1997.
[2] Eshet-Alkalai Y. Digital literacy: a conceptual framework for survival skills in the digital era [J]. Journal of educational multimedia and hypermedia, 2004,13(1):93 - 106.
[3] 张静,回雁雁. 国外高校数字素养教育实践及其启示[J]. 图书情报工作,2016,60(11):44 - 52.
[4] 黄燕. 大学生数字素养的现状分析及培养路径[J]. 思想理论教育,2015,431(3):82 - 85.
[5] 李德刚. 数字素养:新数字鸿沟背景下的媒介素养教育新走向[J]. 思想理论教育,2012,386(18):9 - 13.
[6] 王佑镁,杨晓兰,胡玮,等. 从数字素养到数字能力:概念流变、构成要素与整合模型[J]. 远程教育杂志,2013,31(3):24 - 29.
[7] 包雅君,刘永贵,刘瑞. 数字素养概念与内涵辨析:兼与信息素养、媒介素养、技术素养的比较[J]. 软件导刊,2020,19(6):277 - 280.

[8] 杨文建. 英美数字素养教育研究[J]. 图书馆建设，2018，285(3)：87－95.
[9] Oh S S, Kim K-A, Kim M, et al. Measurement of digital literacy among older adults: systematic review [J]. Journal of medical internet research, 2021，23(2)：e28211.
[10] 李皓. 国内中小学生数字素养现状与提升[D]. 郑州：郑州大学，2020.

中国青年学生环境关心与亲环境媒介行为的关系：基于探索性的技术接受模型

陈智睿[①] 郭文琛[②] 曾庆香[③]

【摘 要】 在当下，对生态环境与人类社会之间关系的反思备受关注，网络亲环境媒介行为的相关研究也成为环境传播的焦点议题之一。本文采用新生态范式量表(NEP)与社会期望量表(MCSD)对162名中国青年学生进行测量，并借助技术接受模型(TAM)考察社会期望在环境关心与亲环境媒介行为之间的中介作用。结果表明：①性别对于中国青年学生亲环境媒介行为无显著影响，男性与女性青年学生环境关心、亲环境媒介行为无显著差异。②社会期望对环境关心与亲环境媒介行为具有部分中介效应，环境关心对于亲环境媒介行为的影响仍占据主导地位。③中国青年学生对于环境关心处于积极的状态，其中新生态范式显示，中国青年学生在自然平衡、人类中心主义、人类例外主义、生态环境危机和增长极限等方面态度积极，人类中心主义的思想较为微弱，对环境问题的归因明确。

【关键词】 环境关心；亲环境媒介行为；新生态范式；社会期望；技术接受模型

在当今社会，生态环境与可持续发展成为重要议题，大学是研究环境关心的重要场域，通过价值观、信仰、个人规范和外部行为的联系，能促进个人的亲环境行为[1-2]。与此同时，随着互联网等新兴媒介技术的发展，信息传播研究面临着巨大变革与挑战。环境与传播的结合，成为风险社会语境下的一场“现代性后果”[3]。近些年，各类环境风险议题不断涌现，研究公众对于环境议题的关心程度和由此产生的媒介行为显得尤为重要。虽然环境关心与亲环境媒介行为的关系问题引发了部分学者的关注[4]，但具体的实证研究数量却始终处于匮乏的状态。另外，在研究这一关系时，人的社会性因素常被忽视，现存的这类研究大多仅从两者关系的层面初步探讨，而忽略了社会关系因素对个体行为的影响。

作为工业大国，中国社会对环境问题的认知日益深化，越来越多的环境主题研究在此展开。在社会关系因素与新兴媒介发展的基础上，探究影响青年学生环境关心的因素，以

① 中国社会科学院大学新闻传播学院硕士研究生。
② 北京大学软件与微电子学院硕士研究生。
③ 中国社会科学院新闻与传播研究所教授、博士生导师。

及环境关心对青年学生行为的影响,在可持续性传播和教育中具有重要意义。中国青年学生是未来的建设者,他们的态度、价值观念对中国未来可持续传播和发展具有深远的影响。因此,把他们作为研究主体,一方面可以发掘中国丰富的环境研究实践经验,明确青年学生群体对环境的"态度—行为"特点,为中国青年学生环境传播提供最新实证数据支持;另一方面能发现当前中国可持续教育的不足,为大学后续可持续教育的策略和方向调整提供参考。

综合考虑样本收集与中国语境等因素,本文以中国青年学生为研究对象,通过修订后的新生态范式量表(NEP)[5-6]与社会期望量表(MCSD)[7]进行测量。因为本文的量表是多个研究的提炼与汇总,所以在本文分析过程中主要采取探索性的研究思路,侧重于对模型整体结构进行检验与分析。同时,本文未事先设定研究假设,而是通过三个研究问题串联后续的分析,评估整个结构方程模型与样本数据之间的适配度,最终采用结构方程模型探究环境关心、社会期望、亲环境媒介行为三者之间的关系。此外,本研究也将检验样本的人口学特征对这三因素的影响。

一、文献综述

1. 测量环境关心的意愿程度

目前,学界对环境关心这一概念的起源尚无共识,但研究者通常将彼得・埃斯特(Peter Ester)的理解视为源头,即环境态度在一定程度上等同于环境关心[8]。在相关文献中,环境关心和环境态度这两个概念常常交替使用。因此,长期以来环境关心始终被当作一个模糊的概念使用。同时,也有部分学者将环境关心看作是个体的环境价值观,例如,莱利・E. 邓拉普(Riley E. Dunlap)提出环境社会学范式转移,即人们的价值观从人类豁免范式转移到新生态范式,并制定了新生态范式量表[5]。卢卡斯・德尔多夫斯基(Lukasz Derdowski)等人在此基础上指出,新生态范式是一种基于信念、以价值为导向的用于预测消费者亲环境方式行为意向的方法,在不同的领域都存在特定水平的亲环境行为[9]。

邓拉普和罗伯特・E. 琼斯(Robert E. Jones)指出,环境关心有两个测量维度[6]:一个是理论维度,主要指的是新生态范式的具体化,其中包括对自然平衡、人类中心主义、人类例外主义、生态环境危机和增长极限的看法。基于理论维度,邓拉普提出了新生态范式量表,借助五个层面的认识具体测量"关心"的意动表达,从而探究个体对环境问题本质、形成原因及其解决方法的认识。本文正是借助邓拉普的新生态范式量表展开进一步的研究;二是政策维度,主要涉及公众对环境问题的关注和态度,比如具体的环境问题感知、环境友好行为态度等。理论维度则更多关注环境价值观,而政策维度主要关注客观的环境问题。无论是理论取向还是政策取向,对环境关心的测量结果都缺乏一致性,产生这一问题的最主要原因是参与探讨环境关心问题的学者学科背景复杂多样,导致对同一概念的理解产生差异。例如,塞巴斯蒂安・班贝格(Sebastian Bamberg)就认为环境关心包括对一些环境问题的知识、价值、感知、态度、情感和行为[10],与邓拉普的理解有所不同。

基于对已有经验性文献的分析回顾,目前学界对环境关心的理解虽然依旧存在认知上的差异,但归根结底都采用了新生态范式的导向,即环境关心包含态度与行为,同时背后蕴含着多样化的从人类本位主义出发的环境价值观。本文综合邓拉普、卢春天和洪大用[11]的观点,并且参考吴建平等人[12]修订版的新生态范式量表,结合实际情况,对中国青年学生环境关心从理论维度和政策维度进行测量,尽可能避免产生环境关心概念定义不清晰的问题。本文将潜变量环境关心的测量划分为周边环境感知、全球环境感知、新生态范式三个维度,共设置13个题项,构造出一维结构方程模型,对环境关心的意愿程度进行具体测量。

2. 测量亲环境媒介行为

亲环境行为是指任何"尽可能少地损害环境,甚至对环境有利"的行为[13-14]。对亲环境行为的研究已经确定了多种因果变量,保罗·斯特恩(Paul Stern)就提出亲环境行为的测量变量可以分为态度、背景、能力和习惯四个部分[15]。斯特恩讨论了不同类型的环保行为在一些重要方面的差异,并明确描述了环保活动、公共领域的非环保活动、私人领域的环保活动以及其他重要的环保行为。亲环境行为的概念外延更为宽泛,而本文则集中于亲环境媒介行为,将亲环境行为锚定在传播活动之上。基于此,探究如何测量亲环境媒介行为,需要对媒介行为的概念进行界定与细化。媒介行为通常指用户对不同媒体的使用频率、使用方式、内容偏好与信息接受程度等[16-17]。对媒介行为最早的研究来源于"魔弹论""培养理论"等传播学经典理论,即媒介使用会极大地影响人们的态度与行为[18-19],这部分理论将媒介行为视为自变量,强调受众在使用媒介的过程中所产生的态度与行为的改变。基于这一理论逻辑,乐观主义者往往认为互联网所引发的数字化革命降低了公众参与具体事务的门槛,从而有利于社会公平与发展;而悲观主义者则认为,媒介使用将会阻碍公众的社会参与,社交媒体将会通过算法黑箱左右受众[20],从而加剧政治犬儒主义[21-22]。

除此之外,媒介行为存在另一种理论逻辑,即将媒介行为作为因变量,具体探究影响公众媒介使用行为的人类不同心理层面的因素,这一路径通常以用户为中心,常被应用于商业分析中。为进一步探究亲环境媒介使用的具体内涵与外延,需要对其进行清晰明确的分类,目前主流的研究中,互联网媒介行为通常被分为三个部分:信息筛选、内容表态、媒介信任[23-25]。信息筛选主要指互联网中的信息寻求行为,其中包括各类搜索引擎与社交媒体搜索[26],"知乎"作为社会化搜索与问答平台,将搜索引擎与社交网络两者有机结合起来[27-28];内容表达是互联网媒介行为的重要体现,主要包括在各类媒体平台进行点赞评论转发等行为,通过此类行为形成对内容的反馈[29];媒介信任则指公众对某一媒介的依赖程度以及主观评价,主要体现在媒体公信力与公众的接近性上[30],从实际行为来看,表现为用户是否愿意将该媒介内容与周围朋友与亲人进行分享,在此意义上,媒介信任将人的社会性的指标涵盖其中。

班贝格和吉多·默泽(Guido Möser)运用元分析—结构方程模型的方法分析亲环境行为的影响因素,并发现亲环境行为的八个决定因素之间的关系[34]。在他们的研究中,亲环境行为意图传导了所有社会心理变量对亲环境行为的影响，而另外七个因素是：问题意识、社会规范、内部归因、内疚感、个人行为控制、态度、道德规范，这些因素更多属于社会期望的综合影响，该研究的最大贡献在于证明了知识是影响行为的重要因素。

陶德・P. 纽曼（Todd P. Newman）和罗纳德・费尔南德斯（Ronald Fernandes）证实了先前关于亲环境行为的研究结果，发现了情境因素与环境态度、价值观、信仰之间的关系[32]。亚历山大・约翰・海伦（Alexander John Heeren）等人研究了可持续性知识与亲环境行为之间的关系[33]。他们的研究表明，知识对促进可持续性的行为的态度、参与这种行为的能力以及对他人看法的关注更为重要。另外大量研究表明，NEP 与行为意图以及各种自我报告和观察到的亲环境行为显著相关[34-35]。萨比娜・帕尔（Sabine Pahl）等人发现，在 21 个自我报告的与环境有关的行为中，NEP 具有显著的积极影响[36]。肖晨阳等人认为，NEP 是“文献中使用最广泛的环境问题衡量标准”，他们还指出，大量研究将 NEP 建模为亲环境行为的驱动因素，通常发现 NEP 是亲环境行为的重要预测因子[37]。

基于上述文献回顾，本文将亲环境媒介行为设定为因变量，在这一维度上构建具体的量表，以测量亲环境媒介行为的程度。亲环境媒介行为指环境友好型的行为取向，通常被分为三个部分：信息筛选、内容表态、媒介信任。当然，目前这一部分所探讨的媒介行为均基于互联网，并未对其他媒介形态进行深入区分。新媒介的出现从来不意味着旧媒介的消亡，新旧媒介实际界限分明。互联网环境下的媒介行为将研究重点聚焦于新媒体环境，基本与传统媒介研究无深度交叉，因而并未与其产生共线性的问题，在很大程度上规避了研究的偏误。

二、研究方法

1. 研究目的与数据收集

本文主要探讨中国青年学生群体环境关心对亲环境媒介行为的影响，其中将社会期望作为中介变量，考察其对环境关心与亲环境媒介行为之间关系的调节作用。本文以技术接受模型为蓝本，具体构造本文的结构方程模型，从而进一步探索三者之间的关系。本文采用网络问卷（通过问卷星平台）的方法收集数据，在各大社交平台（微博、知乎、微信、豆瓣等）针对中国青年学生群体进行随机抽样，共收集 208 份量表问卷，在剔除无效问卷后，最终得到有效问卷 162 份。根据瓦莱丽・亚历山德拉（Valerie Alexandra）的观点[38]，本文的样本量达到了最少 122 份的要求。在参与调查的中国青年学生中，性别分布为男性占 35.2%，女性占 64.8%；年龄分布为 18 岁及以下占 3.7%，19～22 岁占 67.3%，23～26 岁占 22.8%，27～30 岁占 6.2%；学历分布为本科及大专占 74.1%，硕士研究生占 6.8%，博士研究生占 19.1%。

2. 概念性模型

本文主要运用结构方程模型（SEM）开展研究，并采用 AMOS 24.0 进行研究资料分析与模型检验。根据文献综述的成果，本文以环境关心作为自变量，社会期望作为中介变量，亲环境媒介行为作为因变量,由此构造出概念性模型(见图 1),并据此进行后续的信效度检验与关系分析。之所以选用结构方程模型,是因为它能够在同一模型中整合验证性因子分析(CFA)和回归分析,以便测试和分析潜在结构及其测量变量之间的关系[39]。在本文中,我们使用验证性因子分析来探讨环境关心、社会期望、亲环境媒介行为三个部分的关系结构。在最终确定的模型中,只有合理高负荷的项目被纳入模型,以此实现可接受的结构可靠性和结构解释方差。

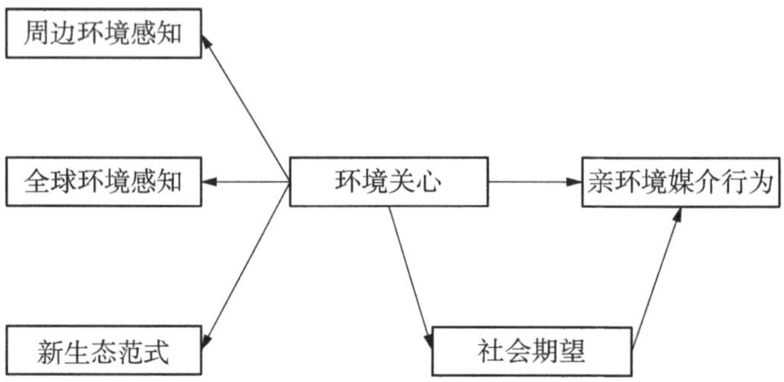

图 1　研究概念性模型

3. 研究问题

从文献综述可知,环境关心与亲环境媒介行为有着多种分类方式。其中,较为常见的分类是环境关心的理论层面与政策层面,亲环境媒介行为则分为信息筛选、内容表态和媒介信任三个层面。由于环境关心属于潜变量,无法通过某一类型的题目直接测量,因而将从周边环境感知、全球环境感知、新生态范式这几个方面进行构造并测量。同理,其他维度也将通过此类方式进行测量。另外,由于本文属于探索性研究,因而未设定具体的研究假设,而是以研究问题来替代。

温・钦(Wynne Chin)指出,在结构方程模型分析中,不应针对每个模型路径提出假设陈述(问题陈述),而应评估整个结构方程模型与样本数据之间的适配度[40]。因此,本文的第一个研究问题为:模型的期望协方差矩阵与样本协方差矩阵之间是否存在差异,即 $\boldsymbol{S}-\boldsymbol{\Sigma}(\boldsymbol{\theta})=0$,这里的 $\boldsymbol{S}$ 为样本协方差矩阵,$\boldsymbol{\Sigma}(\boldsymbol{\theta})$ 为期望协方差矩阵。

研究问题 1:模型期望协方差矩阵与样本协方差矩阵是否存在差异?

研究问题 2:环境关心对社会期望与亲环境媒介行为是否存在显著的因果关系?

研究问题 3:亲环境媒介行为会受到环境关心与社会期望中的哪些因素影响?

4. 研究变量的操作化定义

问卷编制时,首先对已有文献进行回顾,从中总结出测量环境关心的三个维度,以及社会期望、亲环境媒介行为的测量维度。本文的量表设计主要包括五个部分:周边环境感知、全球环境感知、新生态范式、社会期望、亲环境媒介行为,共计 26 题。同时也设置了基础人口学变量题，共计 3 题，包括性别、年龄、学历。另外，本文的量表均采用李克特 7 级量表（见表 1）。

表 1　研究变量的操作化定义及其题项

维度	操作化定义	问题
周边环境感知（SHEN）	这一维度指人们对当地环境问题的感知程度，测量切身环境问题关心程度	1. 空气污染 2. 水污染 3. 噪声污染 4. 工业垃圾污染
全球环境感知（WORLD）	在全球化背景下的环境问题感知，主要测量全球环境关心程度	1. 全球变暖 2. 臭氧层破坏 3. 酸雨
新生态范式（NEP）	测量人们对于自然平衡、人类中心主义、人类例外主义、生态环境危机和增长极限的态度与看法	1. 自然平衡 2. 人类中心主义 3. 人类例外主义 4. 生态环境危机 5. 增长极限
社会期望（SOC）	测量社会压力对于人们亲环境媒介行为的影响，主要通过对社会期望的感知程度进行具体衡量	1. 我的同学、朋友或令我尊敬的人认为我应当关注环境问题 2. 我觉得未来会有越来越多的人关注环境问题 3. 关注环境问题可以帮助我建立良好的形象 4. 如果我不懂得什么事情，我会很痛快地承认 5. 只要犯了错误，我总是愿意承认
亲环境媒介行为（MEDIA）	亲环境媒介行为指环境友好型的行为取向，通常被分为三个部分：信息筛选、内容表态、媒介信任	1. 愿意为身边的环境问题专门在私人社交账号发布内容 2. 更倾向于给环保的内容点赞 3. 我相信我个人的转发支持能够推进环保公益事业 4. 我愿意与网友在线上讨论环保问题

三、研究结果

1. 中国青年学生的环境感知、新生态范式、社会期望与亲环境媒介行为

“全球环境感知”（$M=2.85$，$SD=0.67$）的内部题目结构最为一致，同时也是平均值最低的维度；“社会期望”（$M=5.14$，$SD=1.03$）与“亲环境媒介行为”（$M=5.01$，$SD=1.13$）在结构与均值上基本相同。“周边环境感知”（$M=4.31$，$SD=1.22$）是结构分歧最大的维度，而“新生态范式”（$M=5.35$，$SD=1.06$）则属于表现稳定、态度最正面的结构。五个测量维度的峰度都小于 0，属于左偏分布，数据整体偏向积极正面的得分区间（见表 2）。

表 2 环境感知、新生态范式与亲环境媒介行为(1=完全不同意,5=完全同意)

维度	均值(M)	标准差(SD)	偏度
周边环境感知(SHEN, 4 项) 空气污染 水污染 噪声污染 工业垃圾污染	4.31	1.22	−0.18
全球环境感知(WORLD, 3 项) 全球变暖 臭氧层破坏 酸雨	2.85	0.67	−0.47
新生态范式(NEP, 5 项) 自然平衡 人类中心主义 人类例外主义 生态环境危机 增长极限	5.35	1.06	−0.77
社会期望(SOC, 5 项) 我的同学、朋友或令我尊敬的人认为我应当关注环境问题 我觉得未来会有越来越多的人关注环境问题 关注环境问题可以帮助我建立良好的形象 如果我不懂得什么事情,我会很痛快地承认 只要犯了错误,我总是愿意承认	5.14	1.03	−0.76
亲环境媒介行为(MEDIA, 3 项) 愿意为身边的环境问题专门在私人社交账号发布内容 更倾向于给环保的内容点赞 我相信我个人的转发支持能够推进环保公益事业 我愿意与网友在线上讨论环保问题	5.01	1.13	−0.49

2. 结构方程模型的收敛效度验证

验证性因子分析是结构方程模型的一部分。布鲁斯·汤普森(Bruce Thompson)提出,结构方程模型研究者在进行结构模型分析之前,应该分析测量模型,因为测量模型能够正确反映研究的维度或因素[41]。本文对所有维度进行验证性因子分析,模型的五个维度分别为周边环境感知、全球环境感知、新生态范式、社会期望、亲环境媒介行为,所有维度的因子载荷均在 0.5～0.9 之间,且统计检验显著;同时,各维度的组成信度都在 0.7～0.9 之间,平均方差萃取量在 0.4～0.6 之间。根据小约瑟夫·F. 海尔(Joseph F. Hair Jr.)等人[42]及克拉斯·福内尔(Claes Fornell)和戴维·F. 拉克尔(David F. Larcker)[43]提出的标准:多元相关系数的平方大于 0.5,因子载荷大于 0.5,平均方差萃取量大于 0.5,组成信度大于

0.6。本文除了平均方差萃取量略低于0.5的标准外，其余数据均符合要求，这表明本文的五个维度具备显著的收敛效度（见表3）。

表3 收敛效度与组成信度表

维度	题目	参数显著性估计			因子载荷		题目信度（SMC）	组成信度（CR）	收敛效度
		Unstd.	S. E.	*t* 值	*P*	Std.			平均提取方差值（AVE）
SHEN	SHEN1	1.00				0.75	0.57	0.84	0.56
	SHEN2	0.92	0.13	7.33	***	0.62	0.38		
	SHEN3	1.27	0.14	9.41	***	0.82	0.67		
	SHEN4	1.19	0.13	9.38	***	0.80	0.63		
WORLD	WOR1	1.00				0.77	0.60	0.78	0.54
	WOR2	0.83	0.12	6.93	***	0.68	0.46		
	WOR3	0.93	0.13	7.06	***	0.75	0.56		
NEP	NEP1	1.00				0.74	0.54	0.88	0.56
	NEP2	0.96	0.10	9.77	***	0.79	0.62		
	NEP3	0.98	0.10	9.78	***	0.80	0.64		
	NEP4	1.07	0.12	8.71	***	0.71	0.50		
	NEP5	1.05	0.10	10.11	***	0.84	0.70		
	NEP6	0.80	0.12	6.94	***	0.57	0.33		
SOC	SOC1	1.00				0.76	0.57	0.82	0.47
	SOC2	0.89	0.12	7.64	***	0.65	0.43		
	SOC3	0.91	0.12	7.84	***	0.69	0.48		
	SOC4	0.81	0.11	7.47	***	0.68	0.46		
	SOC5	0.87	0.12	7.31	***	0.66	0.44		
MEDIA	MED1	1.00				0.74	0.55	0.83	0.56
	MED2	0.96	0.12	8.19	***	0.72	0.52		
	MED3	1.05	0.12	8.47	***	0.78	0.61		
	MED4	1.04	0.12	8.60	***	0.74	0.55		

3. 结构方程模型的区别效度验证

区别效度分析用于验证不同维度之间的相关性是否存在显著差异。本文采用平均方差萃取量与相关系数比较的方法，通过构造维度之间的相关系数并与平均方差萃取量来进行区别效度判断。如表4所示，对角线上的值基本大于矩阵中其他的相关系数。其中，只有媒介行为下的0.859与社会期望下的0.912超出预期值，但这部分数据对整体效度不构成显著影响,因此在95%的置信水平下,可以判定本文的五个维度之间存在显著的区别效度。

表4 区别效度矩阵

	平均提取方差值	媒介行为	社会期望	新生态范式	全球环境感知	周边环境感知
媒介行为	0.558	0.747				
社会期望	0.474	0.859	0.688			
新生态范式	0.555	0.742	0.912	0.745		
全球环境感知	0.537	0.046	0.189	0.231	0.733	
周边环境感知	0.562	−0.051	−0.157	−0.154	0.047	0.750

4. 结构方程模型整体适配度

在对结构方程模型进行验证时,符合标准的模型适配度是进一步分析的必要条件。适配度越高代表模型矩阵与样本矩阵越接近。本文适配度指标依据詹姆斯·B.施莱伯(James B. Schreiber)、安妮·布姆斯玛(Anne Boomsma)的建议,挑选了几个指标进行整体模式的适配度评价,包括RMSEA、GFI、AGFI、χ^2、χ^2与自由度的比值[44-45]。根据计算结果,所有测量指标都接近理想值,这表明模型整体适配度良好(见表5)。

表5 模型适配度情况

适配指标	理想要求指标	模型实际指标
χ^2	越小越好	435.18(P=0.000)
χ^2/df	<3	2.123(df=205)
GFI	>0.9	0.808
AGFI	>0.9	0.762
RMSEA	<0.09	0.084

5. 研究问题结果与变量间关系

通过收敛效度与区别效度的分析可知,本文的模型期望协方差矩阵与样本协方差矩阵的差异并不显著,且模型适配度也较为理想,达到了期望值。

从结构方程模型的标准化路径系数可知,环境关心与社会期望、亲环境媒介行为之间存在显著的相关关系。另外,依据此前文献综述对各变量的假设,环境关心(代号为ENVIR)作为自变量,社会期望作为中介变量,亲环境媒介行为作为因变量,因此这部分结果可以验证三者之间预设的关系,最终可知环境关心对社会期望与亲环境媒介行为存在显著的因果关系。

根据结构模型系数与测量模型系数,在影响青年学生亲环境媒介行为的因素中,环境关心中的新生态范式影响程度最深(标准化回归系数为0.95),这与德尔多夫斯基的研究结果一致[10]；其次则是周边环境感知（标准化回归系数为 0.39），这两条路径都具有显著性（$P=0.000^{***}$）。另外，亲环境媒介行为受社会期望的中介作用并不强烈，结构模型的直接效应大于间接效应（见表 6）。

表 6　结构方程模型的路径系数

	标准化 (Std.)	非标准化 (Unstd.)	标准误 (S. E.)	t 值 (t-value)	显著性(P)
ENVIR→SOC	0.87	−6.28	3.89	−1.62	0.11
ENVIR→SHEN	0.39	1.00	—	—	***
ENVIR→WORLD	0.20	0.25	0.14	1.77	0.08
ENVIR→NEP	0.95	1.79	0.48	3.75	***
ENVIR→MEDIA	0.52	0.84	1.32	0.64	0.53
SOC→MEDIA	0.34	0.57	0.29	1.95	0.05

6. 中国青年学生环境关心的特点与可持续教育的未来

在性别差异上，通过独立样本 t 检验进行测量，结果显示，男性青年学生与女性青年学生在环境关心上均无显著差异，这一结论与西蒙・凌（Simon Ling）等人的研究结果[1]有所不同。对于凌等人的研究结果，洛莉・M. 亨特（Lori M. Hunter）提出了先验性的解释。他认为，环境保护中的性别差异主要源于男女传统性别角色的差异，文化规训在其中起到了至关重要的作用。个体心理以及由此产生的行为，是由文化规训中的性别期望所塑造的[46]。在这一框架内，妇女的传统社会角色是照顾者，社会期望她们慈爱且富有同情心，如此才能维持生活中的各种关系；与之相对应，男性传统的社会角色是为家庭提供经济支持，这使得男性在追求经济成功的过程中更具主导性和独立性。因此，一般而言，女性对生态环境的关注更多，对生态环境的破坏表现出更多的同情，反观男性，则表现出对生态环境的利用与征服。然而，本文基于最新的实证数据，对前述观点提出不同意见。在独立样本 t 检验中，所有维度的男性与女性的差异并没有呈现出显著性（$P>0.05$），这表明传统性别差异结构并未在本次调查的中国青年学生群体中得到延续。对于环境关心与可持续发展的相关议题，中国青年学生群体存在结构性共识，不受性别因素干扰，这一结果与邓拉普[9]的研究结果与观点一致（见表 7）。

表 7　以性别作为分组变量的独立样本 t 检验表

	F	Sig.	t	df	Sig.
SHEN	0.46	0.50	1.48	160	0.14
WORLD	0.02	0.90	0.27	160	0.79
NEP	2.75	0.10	−0.55	160	0.58

续 表

	F	Sig.	t	df	Sig.
MEDIA	1.52	0.22	−0.62	160	0.54
SOC	1.80	0.18	−0.42	160	0.68

在学历层次上,通过单因素方差分析(ANOVA)可知,全球环境感知、新生态范式、社会期望呈现出显著性。根据事后检验(LSD)可知,本科学历的青年学生对环境关心的程度最高,其次则是硕士生与博士生。得出这一结果的很大一部分原因是,本文的样本构成情况,本科学历的样本占据绝大多数,可能导致分析结果呈现出显著性,但这一结果在不同学历人群的可持续知识结构、群体差异等方面,依旧具备一定的参考价值(见表8)。

表8 学历与各个维度的单因素方差分析

		平方和	df	均方	F	Sig.
SHEN	组间	10.83	3	3.61	0.14	0.94
	组内	4024.23	158	25.47		
	总计	4035.07	161			
WORLD	组间	109.58	3	36.53	6.28	0.00***
	组内	919.49	158	5.82		
	总计	1029.07	161			
NEP	组间	1152.73	3	384.24	11.43	0.00***
	组内	5313.55	158	33.63		
	总计	6466.28	161			
SOC	组间	498.32	3	166.11	6.89	0.00***
	组内	3810.18	158	24.12		
	总计	4308.50	161			
MEDIA	组间	119.92	3	39.97	1.04	0.38
	组内	6099.54	158	38.61		
	总计	6219.46	161			

另外,在单因素方差分析中,我们发现周边环境感知($P=0.94>0.05$)与全球环境感知($P=0.000<0.05$)的显著性截然相反。学历差异并未在周边环境感知中得到体现,而在全球环境感知方面却有显著影响。根据路径系数的结果,环境关心与周边环境感知之间存在显著性($P=0.00<0.05$),但与全球环境感知的关系并不显著($P=0.08>0.05$)。布伊·曾·陈(Booi Chen Tan)的研究指出,当个体认识到环境问题的危害,并认为自己负有责任时,从事亲环境行为的可能性最大;然而对于宏观层面的环境问题,如全球性的气候变暖,

尽管绝大多数人都意识到其危害，但实际行动却未发生明显变化[47]。因此，在开展针对青年学生环境关心与可持续发展的教育时，应当从接近性入手，借助周边环境问题引导其亲环境媒介行为。

7. 社会期望对中国青年学生亲环境媒介行为的中介效应

研究结果表明，环境关心与社会期望、亲环境媒介行为存在密切联系，其中社会期望在环境关心与亲环境媒介行为之间起到部分中介作用，且中介效果显著。社会期望这一维度实际属于社会压力的一种变体，由于个体对社会压力的感知不易测量，因此本文选取社会期望量表进行具体测量，从而验证社会性因素对青年学生亲环境媒介行为的影响。结合本文结构方程模型（见图 2）的数据，社会期望的中介作用为 0.30，而环境关心对亲环境媒介行为的直接效应为 0.52，大于中介效应。由此可以得出，社会期望对青年学生的亲环境媒介行为具有中介作用，但其影响力不如环境关心本身。对青年学生而言，社会性因素的影响力并不像理论所认为的那么强，青年学生的亲环境媒介行为更多地源于自身的环境关心意识，即环境价值观，而非受到社会压力的影响。

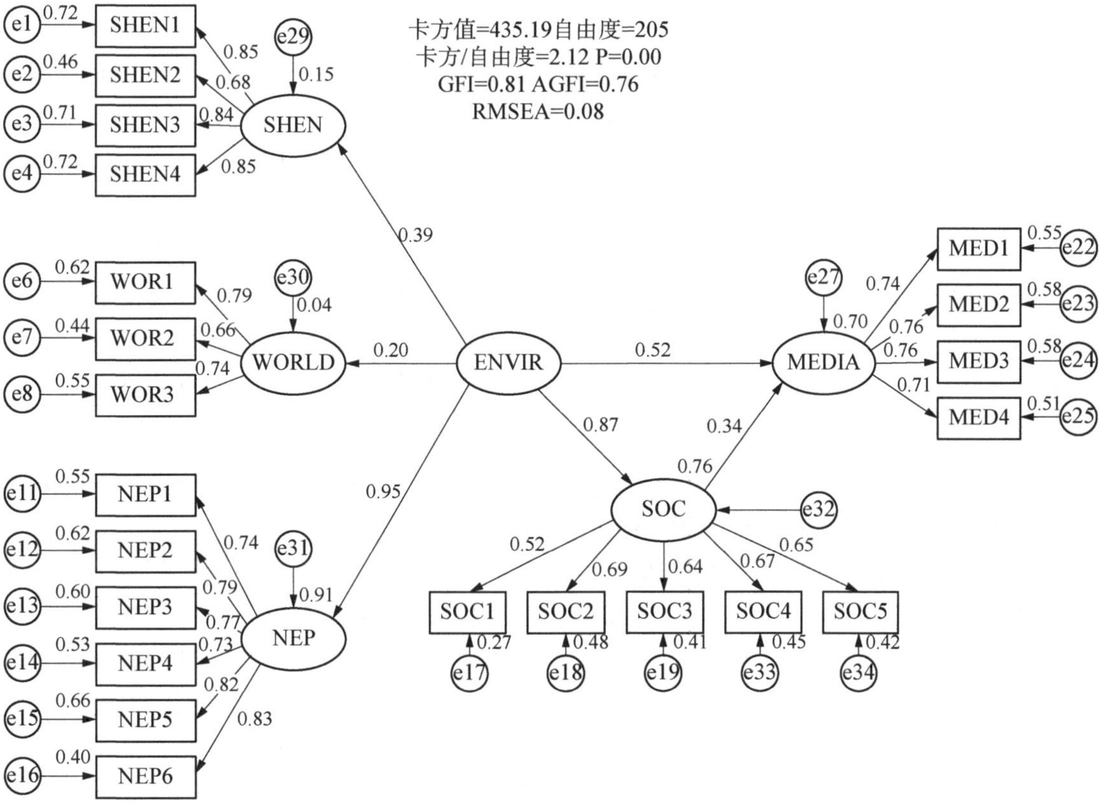

图 2　结构方程模型图

结合目前中国青年学生的思想发展现状来看，虽然集体主义与利他主义一直是社会所倡导的行为取向，但在全球化浪潮的影响下，个人主义的倾向也在中国青年学生群体中扩散蔓延。中国青年学生们倾向于依据自己所认同的价值观来行事,对于社会期望等社会性因素的关注度并不高。石川真树(Maki Ishikawa)等人指出,网络社会支持对个体网络自我表露的影响呈现出显著的中介效果。在移动社交媒介的使用过程中,青少年自我表露的程度越深,范围越广、越频繁,得到来自好友的社会支持也就会越多,而得到的社会支持越多,参与到具体行动的积极性也就会越高[48-49]。然而,本文的研究结果却与该研究产生差异,经过反思总结,本文认为社会支持对网络自我表露的影响需要结合不同的事件进行探讨。对于日常生活中"朋友圈"的表露,社会支持可能会产生显著的影响,但在环保关心的议题上,中国青年学生从中获得的社会支持并不会支撑其持续进行亲环境媒介行为。对该行为起到最大支撑作用的应该是环境关心这类价值观层面的因素。正是出于对价值观的认同和对环境问题的感知,中国青年学生的亲环境媒介行为才能得到持续性的保障,而非间歇性的"炫耀"式媒介行为。

四、结论与讨论

1. 结论

亲环境媒介行为是可持续发展教育的重要组成部分,它能够帮助人类更加全面地理解自身的媒介行为与周边环境、全球环境、新生态范式之间的关系,帮助人类在遭遇危机时找到实现可持续发展的进路。与以往环境关心的研究不同,本文将环境关心与亲环境媒介行为纳入研究范畴,引入了在公共卫生突发事件中发挥巨大作用的媒介,并将社会期望作为中介变量,试图建构一套逻辑自洽的结构方程分析模型,以探究环境关心与亲环境媒介行为、环境关心与社会期望、社会期望与亲环境媒介行为之间的关系。根据本文的数据分析结果,对以下预设的研究问题进行了验证:①本文的模型期望协方差矩阵与样本协方差矩阵差异并不显著,且模型适配度也较为理想(符合期望值)。②环境关心对社会期望与亲环境媒介行为存在显著的因果关系。③青年学生亲环境媒介行为受到环境关心中的新生态范式影响最深,其次则是周边环境感知,这两条路径都具有显著性。④亲环境媒介行为受社会期望的中介作用并不强烈,结构模型的直接效应大于间接效应。

结合研究问题与具体维度的分析,本文得出以下结论:①性别对中国青年学生的亲环境媒介行为无显著影响,男性与女性青年学生在环境关心、亲环境媒介行为方面无显著差异。而学历对亲环境媒介行为有一定影响,其中本科学历在环境关心与亲环境媒介行为方面呈现出积极态势。②社会期望对环境关心与亲环境媒介行为具有部分中介效应,环境关心对亲环境媒介行为的影响仍占据主导地位。③中国青年学生对环境的关心处于积极状态。其中,新生态范式显示,青年学生在增长极限、人类中心主义、自然平衡、人类例外主义和生态环境危机等方面态度积极,人类中心主义的思想较为微弱,对环境问题的归因明确。

2. 讨论

公共卫生突出事件等暴露出人类社会与生态环境之间的复杂关系,为年轻群体生态价值观的转变以及科学素养的提升敲响了加速的警钟。正如亨特所指出的,只有从传统的社会价值范式转移到新环境范式，环境问题的解决才有希望[50-51]。通过对比研究，可以发现中国青年学生群体的生态危机意识有了进步，在生态价值观上正经历着向积极方向的转移。

当我们认识到中国青年学生群体内部对亲环境媒介行为存在较大差异时，必须正视中国教育体系的结构性偏向，思考本科生相较于硕士生与博士生存在差异的深层原因。这一差异不能仅用年龄阅历等因素笼统概括。同时，传统的性别差异观念在本文中并无显著性。在部分研究中，将性别因素作为重要的区分差异的变量，这一因素被自然而然地合理化并被直接采用，然而这是不严谨的。本文的研究结果显示，性别差异并未对中国青年学生的亲环境媒介行为造成显著影响，男性与女性在环境问题上的认知接近于平衡。被寄予厚望的社会期望则出现了特殊情况。此前，社会期望被认为是影响中国青年学生亲环境媒介行为的重要中介变量，但实际数据则表明，社会期望仅起到部分中介效应。从这一方面看，国家与学校都应调整策略，通过社会期望制造群体压力的方式可能并无显著效果，而应当更多加强生态知识与全球视野的教育工作。

对于测量个体的亲环境行为，现有研究始终强调话语表达与实际行动的不一致性，调查数据与实践活动之间的鸿沟难以消除，这种“言行不一致”的情况通常被总结为态度—行为、价值观—行动的差距。本文规避了亲环境行为这一较大范畴，而选择了亲环境媒介行为，该行为通过互联网进行，态度与行为之间的差距缩小。因此，研究结果进一步佐证了此前的实证研究，对于拓宽可持续态度与行为关系的认知具有重要贡献。正如杰弗里·巴内特(Jeffrey Barnett)[51]等人所指出的，如果目标是动员人们更多地自愿参与环保活动，那么缩小态度与行为之间的差距就显示出其重要的现实价值与理论价值。

当下，中国青年学生的亲环境媒介行为呈现出积极的态势。虽然本文并未对公共卫生突发事件相关因素进行测量，但本文将其作为一个前置的背景因素进行考量，由此得出的结论对我们进一步探索可持续性的大学教育模式以及提升未来人类福祉意义重大。凌指出，可持续性作为一个概念比生态世界观更进一步，新生态范式未来将有可能在可持续性的概念下得到更深层次的完善[1]。

3. 不足之处

本文的不足之处在于使用了自我报告的行为测量，而不是观察到的行为。同时，本文的样本数量较少，其原因在于本文选择样本的标准较高，剔除了一半数量的问卷数据，以此来保证数据的科学性与代表性。在未来的研究中，可以将更多影响因素纳入结构方程模型，从而促进对环境关心与亲环境媒介行为关系的进一步研究。

参考文献

［1］Ling S, Landon A, Tarrant M, et al. Sustainability education and environmental worldviews: shifting a paradigm [J/OL]. Sustainability, 2020, 12(19): 1 - 19[2021 - 04 - 30]. doi: 10.3390/su12198258.

［2］Liu X, Zou Y, Wu J. Factors influencing public-sphere pro-environmental behavior among

Mongolian college students: a test of value-belief-norm theory [J]. Sustainability, 2018,10(5): 1384.
[3] Corbett J B. Communicating nature: how we create and understand environmental messages [M]. Washington, D. C.: Island Press, 2006:2.
[4] Huang H. Media use, environmental beliefs, self-efficacy, and pro-environmental behavior [J]. Journal of business research, 2016,69(6):2206-2212.
[5] Dunlap R E, Van Liere K D, Mertig A G, et al. New trends in measuring environmental attitudes: measuring endorsement of the new ecological paradigm: a revised NEP scale [J]. Journal of social issues, 2000,56(3):425-442.
[6] Dunlap R E, Jones R E. Environmental concern: conceptual and measurement issues [J]. Handbook of environmental sociology, 2002,3(6):482-524.
[7] Kurtz J E, Tarquini S J, Iobst E A. Socially desirable responding in personality assessment: Still more substance than style [J]. Personality and individual differences, 2008,45(1):22-27.
[8] Ester P. Environmental concern in the Netherlands [J]. Progress in resource management and environmental planning, 1981,3:81-108.
[9] Derdowski L A, Grahn Å H, Hansen H, et al. The new ecological paradigm, pro-environmental behaviour, and the moderating effects of locus of control and self-construal [J]. Sustainability, 2020,12(18):1-15.
[10] Bamberg S. How does environmental concern influence specific environmentally related behaviors? A new answer to an old question [J]. Journal of environmental psychology, 2003,23 (1):21-32.
[11] 卢春天,洪大用.建构环境关心的测量模型:基于2003中国综合社会调查数据[J].社会,2011,31(1):35-52.
[12] 吴建平,訾非,刘贤伟,等.新生态范式的测量:NEP量表在中国的修订及应用[J].北京林业大学学报(社会科学版),2012,11(4):8-13.
[13] Li D, Zhao L, Ma S, et al. What influences an individual's pro-environmental behavior? a literature review [J]. Resources, conservation and recycling,2019,146:28-34.
[14] Steg L, Vlek C. Encouraging pro-environmental behaviour: an integrative review and research agenda [J]. Journal of environmental psychology,2009,29(3):309-317.
[15] Stern P C. Toward a coherent theory of environmentally significant behavior[J]. Journal of social issues, 2000,56(3):523-530.
[16] 董毅.基层民众的媒介接触与政治信任[D].上海:复旦大学,2011.
[17] Roberts D F, Foehr U G. Trends in media use [J]. The future of children, 2008,18(1):11-37.
[18] Nwabueze C, Okonkwo E. Rethinking the bullet theory in the digital age [J]. International journal of media, journalism and mass communication, 2018,4(2):1-10.
[19] Potter W J. Cultivation theory and research: a conceptual critique [J]. Human communication research, 1993,19(4):564-601.
[20] Mühlbacher T, Piringer H, Gratzl S, et al. Opening the black box: strategies for increased user involvement in existing algorithm implementations [J]. IEEE transactions on visualization and computer graphics, 2014,20(12):1643-1652.
[21] 王菁.媒介使用如何影响我国青年学生微博政治参与:一个以政治心理为中介变量的实证测度

[J]. 新闻与传播研究，2017，24(7)：50 - 74，127 - 128.
[22] Song H, Gil de Zúñiga H, Boomgaarden H G. Social media news use and political cynicism: differential pathways through "news finds me" perception [J]. Mass communication and society, 2020，23(1)：47 - 70.
[23] Boulianne S. Social media use and participation: a meta-analysis of current research [J]. Information, communication & society, 2015，18(5)：524 - 538.
[24] Iyengar S, Hahn K S. Red media, blue media: evidence of ideological selectivity in media use [J]. Journal of communication, 2009，59(1)：19 - 39.
[25] Chou W Y S, Hunt Y M, Beckjord E B, et al. Social media use in the United States: implications for health communication [J]. Journal of medical internet research, 2009，11(4)：e48.
[26] Xiang Z, Gretzel U. Role of social media in online travel information search [J]. Tourism management, 2010，31(2)：179 - 188.
[27] 张鹏翼. 在线社交网络中信息寻求行为的实证研究：以微博为例[J]. 情报杂志，2013，32(7)：83 - 87.
[28] Morris M R, Teevan J, Panovich K. What do people ask their social networks, and why: a survey study of status message Q&A behavior [C]//28th International conference on human factors in computing systems, April 10 - 15，2010, ACM, Atlanta: 1739 - 1748
[29] Luo T, Freeman C, Stefaniak J. "Like, comment, and share"—professional development through social media in higher education: a systematic review [J]. Educational technology research and development, 2020，68(4)：1659 - 1683.
[30] Turcotte J, York C, Irving J, et al. News recommendations from social media opinion leaders: effects on media trust and information seeking [J]. Journal of computer-mediated communication, 2015，20(5)：520 - 535.
[31] Bamberg S, Möser G. Twenty years after Hines, Hungerford, and Tomera: a new meta-analysis of psycho-social determinants of pro-environmental behaviour [J]. Journal of environmental psychology, 2007(27)：14 - 25.
[32] Newman T P, Fernandes R. A re-assessment of factors associated with environmental concern and behavior using the 2010 General Social Survey [J]. Environmental education research, 2016，22(2)：153 - 175.
[33] Heeren A J, Singh A S, Zwickle A, et al. Is sustainability knowledge half the battle? an examination of sustainability knowledge, attitudes, norms, and efficacy to understand sustainable behaviours [J]. International journal of sustainability in higher education, 2016，17(5)：613 - 632
[34] Polonsky M J, Vocino A, Grimmer M, et al. The interrelationship between temporal and environmental orientation and pro-environmental consumer behaviour [J]. International journal of consumer studies, 2014，38(6)：612 - 619.
[35] Stern P C, Dietz T, Guagnano G A. The new ecological paradigm in social-psychological context [J]. Environment and behavior, 1995，27(6)：723 - 743.
[36] Pahl S, Harris P R, Todd HA, et al. Comparative optimism for environmental risks [J]. Journal of environmental psychology, 2005，25(1)：1 - 11.
[37] Xiao C, Dunlap R E, Hong D. Ecological worldview as the central component of environmental

concern: clarifying the role of the NEP [J]. Society and natural resources, 2019,32(1):53 - 72.
[38] Alexandra V. Predicting CQ development in the context of experiential cross-cultural training: the role of social dominance orientation and the propensity to change stereotypes [J]. Academy of management learning & education, 2018,17(1):62 - 78.
[39] Reisinger Y, Mavondo F. Structural equation modeling: critical issues and new developments [J]. Journal of travel and tourism marketing,2007,21(4):41 - 71.
[40] Chin W. Issues and opinion on structural equation modeling management [J]. Information systems quarterly, 1998,22(1):19 - 24.
[41] Thompson B. Exploratory and confirmatory factor analysis [M]. Washington, D. C.: American Psychological Association, 2004.
[42] Hair J F, Black W C, Babin B J, et al. Análise multivariada de dados [M]. São Paulo: Bookman, 2009.
[43] Fornell C, Larcker D F. Structural equation models with unobservable variables and measurement error: algebra and statistics [J]. Journal of marketing research,1981;18(3):382 - 388.
[44] Schreiber J B. Core reporting practices in structural equation modeling [J]. Research in social and administrative pharmacy, 2008,4(2):83 - 97.
[45] Boomsma A. Reporting analyses of covariance structures [J]. Structural equation modeling, 2000,7(3):461 - 483.
[46] Hunter L M, Hatch A, Johnson A. Cross-national gender variation in environmental behaviors [J]. Social science quarterly, 2004,85(3):677 - 694.
[47] Tan B C. The roles of knowledge, threat, and PCE on green purchase behaviour [J]. International journal of business and management, 2011,6(12):14 - 27.
[48] Ishikawa M. Relationship between self-disclosure of adolescent with congenital heart disease, self-esteem and social support [J]. Journal of Japanese society of child health nursing, 2008,17(2):1 - 8.
[49] Sethosa E, Peltzer K. Evaluation of HIV counselling and testing, self-disclosure, social support and sexual behaviour change among a rural sample of HIV reactive patients in South Africa [J]. Curationis, 2005,28(1):29 - 41.
[50] 洪大用. 环境关心的测量:NEP 量表在中国的应用评估[J]. 社会,2006,26(5):71 - 92.
[51] Barnett J, Horlick-Jones T, Rosenhead J, et al. Evidence about the policy assumptions about lay behaviour[2021 - 05 - 20]. www. pachelbel. eu/scientifific-publications. aspx.

来华留学生健康类 App 使用对健康行为影响因素研究

——基于 TPB 和 SEM 的实证分析

郑东和[①]　孟艳芳[②]　林秸妮[③]

【摘　要】 随着中国国际地位的不断提升，国际影响力的持续扩大，来华留学也逐渐成为世界各国学生的热门选择。在完善留学生管理的过程中，来华留学生的健康管理问题也受到有关部门与高校的关注。鉴于此，本文基于计划行为理论（TPB）考察来华留学生健康类 App 使用对其健康行为意向的影响，以及潜在的积极作用。研究选取来华的韩国、马来西亚学生（$N=501$）作为样本，对拓展理论模型的适配度，变量间的直接效应、间接效应以及调节效应依次进行了分析，探寻了健康类 App 使用对来华留学生健康行为的影响机制，研究成果为未来健康行为类研究提供了思路，也为来华留学生管理工作提供了理论依据。

【关键词】 来华留学生；健康类 App；健康行为

中国自 1950 年开启留学生教学活动，经过长达 70 多年的发展，到 2019 年，在华留学生总人数已突破 50 万名。随着中国教育国际影响力的不断加强，逐渐成为世界留学教育的中心，这对来华留学生的管理提出了更高要求，完善留学生培养方案以及相关的管理制度也变得愈发重要[1]。教育部印发的《来华留学生高等教育质量规范（试行）》提出，高等学校应当建立健全来华留学生教育管理体制和工作机制，尤其要加强留学生健康状态、安全等方面的管理，对相关的风险等事项进行识别，通过科学分析和预警，及时地采取防范和干预措施。这不仅能够完善留学生的学业管理，还能促进其养成良好的健康行为，有利于高校留学生人才的培养以及良好校园环境的构建。

目前来华留学生普遍存在一些健康问题，譬如缺乏科学的饮食知识、缺乏体育锻炼、睡眠时间严重不足以及抽烟酗酒等，甚至还有因为学业与就业压力引发心理不健康等问题，近年来，留学生的健康状况备受各大高校重视。提高该群体的健康水平，就必须广泛地开展健康体质与行为调查，构建科学的健康治理模式。

随着互联网技术的空前发展和普及应用，新媒体、电子设备已成为个人获取健康信息

---

① 上海大学新闻传播学院博士后。

② 北京印刷学院新闻出版学院讲师。

③ 南京大学新闻与传播学院新闻系 2020 级本科生。

的主要渠道。健康类 App 是一种新型手机应用,它不受时间和场景限制,通过移动网络就能提供就医问诊、健身塑形、心理咨询等健康管理服务,帮助用户管理自身的健康状况。这样的发展趋势同样引起了中国专家和学者的关注,然而从目前研究来看,现有研究大多数是针对中国本土大学生对健康类 App 的接受情况、健康类 App 的持续使用行为等方面进行研究,针对来华留学生群体的研究少之又少。

基于此,目前亟待解决的重要问题是:来华留学生们使用健康类 App 的过程是否也能促进留学生们的健康,以及是否有助于他们采取预防或者保护等积极行为?因此,本文从计划行为理论的视角,回顾了现有的研究基础,提出了研究假设,以此对原始理论模型进行拓展,随后建构出来华留学生健康类 App 使用与健康行为影响模型。本文的调查对象聚焦来华的韩国和马来西亚的留学生群体,收集样本后,采用统计运算和结构方程模型进行假设验证,以此发现变量之间的关系。本文为当今来华留学生健康类 App 使用与健康行为的研究提供了新的思路,也为未来来华留学生的教育工作以及健康管理等方面做了铺垫。

一、文献综述

1. 健康类 App 和健康行为的定义

在健康类 App 的定义上,学者保罗·克雷布斯(Paul Krebs)等指出,健康类 App 以新兴的渠道模式为民众提供健康类信息,帮助民众加强自身健康管理[2]。健康类 App 可以随时随地记录用户的运动与身体数据,并提供文字、图片、语音、视频等多种形式的教程,同时也能为用户制订出一套具有针对性的健康管理计划。本文所指的健康类 App 是利用移动互联网渠道,以智能手机为主要平台的应用类软件。它并非仅为医生与患者所采用的严格意义上的医疗软件,而是面向广大用户的健康软件,使用者通过其获取健康知识信息,同时获取相关记录与分析、健康教学等资源,通过这些功能加强自身的健康管理,养成健康的生活习惯,从而提高健康水平。

学者们根据现有的健康类 App 的类别和应用功能进行了归类。例如,赵冬杰针对现有健康传播 App 的共性进行了分类和总结,将健康类 App 分为五大类型[3]。普雷蒂·R. 萨马(Preethi R. Sama)等人将健康类 App 分为 10 种类型[4]。基于上述学者提供的分类标准,本文选择了最符合来华留学生们日常使用习惯的健康类 App 的类型,共 5 类:①增强体质类,主要包含每日运动量以及作息安排的相关软件,如运动类 App(跑步、健身等)与健康作息 App 等;②营养摄取类,针对用户的不同体形需求,帮助用户记录每日卡路里摄入量,定期监测饮食等;③健康数据监测类,依靠手机的传感技术或配合可穿戴设备,对个体的健康状态提供日常检测(如脉搏、心率等);④日常健康管理类,如 App 根据用户的特定需求,专门制订科学的睡眠计划,提供睡眠练习课程等,以及为妇女开发的孕期、经期管理相关 App;⑤医药电商类,该类 App 主要通过职业药剂师的用药指导,再由药店专业配送人员进行上门配送,满足了用户药物咨询和及时用药的需求。

有关健康行为的内涵,众说纷纭,尚未统一,但是学者们提出的定义大致相似。玛丽・L. 卡尔塔比亚诺(Marie L. Caltabiano)和爱德华・P. 萨洛菲罗(Edward P. Sarafino)将健康行为定义为“预防个体患上疾病,通常指为了保持个体健康而采取的积极活动。这包括减少或改变造成身体危害的行为,譬如吸烟、酗酒、不良饮食及无保护性行为等,同时也包括采取积极的健康行为,如定期进行体检、保持体育锻炼以及遵照医生要求改变旧行为”[5]。学者戴安娜・莱文-扎米尔(Diane Levin-Zamir)等在一项研究中,把健康行为定义为防护肌肤、防晒行为、体育活动频率、吸烟状况等共 7 项行为[6]。本文对来华留学生的健康行为定义为:为保持或促进个体的健康而采取的预防和保护行为的积极活动,具体包括积极参与锻炼、保持良好的生活作息、合理就医服药、注重饮食、戒酒禁烟、保持心理平衡共 6 项行为。

2. 计划行为理论

伊塞克・艾奇森(Icek Ajzen)和莫里斯・菲什拜因(Morris Fishbein)首先提出了理性行动理论(Theory of Reasoned Action)[7]。该理论认为,人的行为由意向、态度和主观规范决定。当一个人的行为信念对行为态度有正向作用时,就会产生正向的行为意向;同样,当动机对主体规范起正向作用时,也会产生正向的行为意向。由此,它能够解释行为发生和维持的原因。然而,两位学者后来发现,有些行为是由个人意志控制产生,但是,也有很多行为并非由个人完全控制。譬如艾滋病预防行为在有些情境下并不完全由个人意志来控制,饮酒和吸烟等行为也存在着类似情况。因此,这个理论反复被学者们研究和检验之后,在原有基础上,再加入知觉行为控制,由此发展出了一个能够预测行为和态度的理论,称为计划行为理论(Theory of Planned Behavior,简称TPB)。

计划行为理论模型主要包括了以下几个核心变量:①行为态度(attitude),即个体对某一特定行为的积极或消极评价,与主观规范和知觉行为控制一起,理论上可以预测行为的意图;②主观规范(subjective norms),即个体感知到的压力,这种压力会对个体的某一行为产生积极或消极作用;③知觉行为控制(perceived behavioral control),即个体对行为表现的容易或困难程度的信念,涉及个人无法完全控制的因素。一般认为,知觉行为控制有别于行为态度和主观规范是,行为态度和主观规范会受到主观因素的影响,而知觉行为控制更多涉及客观因素的一种评价。此外,行为态度、主观规范和知觉行为三大变量之间,行为态度对预测行为意向的影响最强,而主观规范对预测行为意向的影响最弱。

3. 健康类App使用与健康行为影响因素

学者路易莎・维尔(Luisa Vervier)等发现,德国女性的健康素养比男性要高,电子健康素养与App使用对健康类App的行为态度有显著正向影响[8]。学者丹・J. 格雷厄姆(Dan J. Graham)等认为,行为态度在阅览营养标签和改善饮食行为中起到了中介作用,这意味着,即便阅览营养标签,如果没有积极的行为态度,也难以实现改善饮食的行为[9]。

主观规范在人们采取健康意向时起着重要的作用。例如,学者张明新验证了手机用户使用健身类App对跑步行为意向的影响,结果显示,健康类App用户的主观规范对跑步意向有显著正向影响[10]。纳托希亚・阿斯克尔森(Natoshia Askelson)等人以计划行为理论为基础,通过拓展模型预测了医务人员接种 HPV 疫苗和相关因素之间的关系,结果发现,主观规范对医生接种 HPV 疫苗的意向也有显著影响,这意味着对接种 HPV 疫苗的主观规范越积极,接种 HPV 疫苗的意向就会越高[11]。

在海外留学生的文化适应程度对健康行为意向的研究方面,学者熊艺颖等在一项研究中发现,亚洲学生相比其他国家的学生,利用心理治疗服务较少,寻求心理健康的意愿也较低。研究认为,这一现象与亚洲留学生是否适应当地文化也相关[12]。

近年来,一些学者分别验证了知觉行为控制对健康类 App 使用的影响。学者聂静虹提出,患者的健康类 App 知觉行为控制越高,其健康行为意向也会越高[13]。这一结果与学者琼 · M. 尼尔森(Joan M. Nelson)等和乔斯坦 · 赖斯(Jostein Rise)等通过元分析获得的结果一致,均表明了行为态度对健康行为意向的影响最大,其次是知觉行为控制和主观规范[14-15]。基于前人的研究成果,我们提出以下研究假设:

假设 1:健康类 App 使用对韩国、马来西亚留学生的行为态度有显著正向影响。

假设 2:健康类 App 使用对韩国、马来西亚留学生的主观规范有显著正向影响。

假设 3:健康类 App 使用对韩国、马来西亚留学生的文化适应有显著正向影响。

假设 4:健康类 App 使用对韩国、马来西亚留学生的知觉行为控制有显著正向影响。

假设 5:韩国、马来西亚留学生的知觉行为控制对采取健康行为有显著正向影响。

假设 6:韩国、马来西亚留学生的健康行为意向对采取健康行为有正向影响。

假设 7(a-d):韩国、马来西亚留学生的行为态度、主观规范、文化适应、知觉行为控制在健康类 App 使用对健康行为意向上有显著且正向的间接作用。

假设 8:韩国、马来西亚留学生的知觉行为控制在健康类 App 使用对采取健康行为上有显著且正向的间接作用。

从现有国内外研究来看,有关大学生使用健康类 App 对健康行为影响的研究中,引入调节因素的研究相对较少。学者闫岩曾指出,这是计划行为理论的局限性之一,并建议增加调节和中介变量以完善其模型,以此提高其解释力[16]。然而,在现有的国外研究当中,国别、来华时间和汉语水平在海外留学生使用健康类 App 对健康行为影响的研究中起到了调节作用。例如,珍妮 · B. 提特斯(Jenni B. Teeters)等把国别作为调节变量,验证了知觉行为控制、主观规范和风险感知对参与自我保护行为的影响[17]。由此,我们提出了以下研究问题。

研究问题:国别、来华时间、汉语流利程度是否对使用健康类 App 与行为态度、主观规范、文化适应、知觉行为控制的关系起到调节作用?

二、数据收集

1. 收集样本与数据处理

本次调查的目标人群为来华留学的韩国和马来西亚留学生,抽样方法为整群抽样,通过北京大学、清华大学、中国人民大学等 8 所高校的韩国、马来西亚留学生学生会、校友会等组织，经由相关微信群发放了电子问卷。问卷共有 24 道题，利用“问卷星”进行问卷回收。问卷于 2020 年 12 月 1 日开始发放，到 2021 年 2 月 1 日结束，最终发放问卷总数为 520 份，回收 501 份，回收率为 96.3%。本研究对数据进行了以下统计分析：描述性统计采用 SPSS 20.0 软件进行处理，通径模型检验采用 AMOS 22 软件进行处理。

2. 相关变量与测量

健康类 App 可用性量表用来测量个体对健康类 App 可用性的评分。本文采用周勒明的健康类 App 可用性量表[18]（1＝非常不同意，5＝非常同意），以评估来华留学生对健康类 App 的可用性评价，量表由简短的 4 个条目构成（$\boldsymbol{\alpha}$＝0.87）；行为态度量表用于测量来华留学生在参与体育锻炼或进行饮食管理时的感受，按照 5 级量表题型设计（$\boldsymbol{\alpha}$＝0.85），共有 4 个条目；主观规范量表用于测量个体感知到的压力及其对个体某一行为起的积极或消极作用，该量表是在吕鸣（Ming Lui）等的量表[19]基础上进行调整，以简短的 4 个条目构成，按照 5 级量表题型设计（$\boldsymbol{\alpha}$＝0.78）；文化适应量表采用西班牙裔简明文化适应量表（BASH）进行测量，对来华留学生的语言偏好、文化适应程度等方面进行评估，测量其在华期间文化适应情况（$\boldsymbol{\alpha}$＝0.80）；知觉行为控制的测量是参照了学者朴南纪（Namkee Park）和杨爱梅（Aimei Yang）的 PBC 量表[20]（1＝非常不同意，5＝非常同意），通过此量表测量来华留学生对保持健康行为难易程度的预测，此量表由简短的 4 个条目构成（$\boldsymbol{\alpha}$＝0.72）；健康行为意向量表用于测量人们对采取良好健康行为的意愿程度（如健身、瘦身、睡眠），该量表是基于健康行为意向量表[21]设计，由简短的 4 个条目构成，并且按照 5 级量表题型设计（$\boldsymbol{\alpha}$＝0.96）；采取健康行为量表是根据学者杨庆华（Qinghua Ynag）和吴世文（Shiwen Wu[22]）的研究进行设计，对来华留学生参与体育锻炼和饮食管理的频率进行评估（1＝非常不同意，5＝非常同意），此量表由 1 个条目构成。在本文量表效度方面，KMO 指数为 0.802，说明量表的效度良好且达到显著水平，因此，符合研究标准。

三、结果分析

1. 调查对象基本特征

本次参与者的基本人口学主要涵盖人口变量包括了国别、性别、教育程度、年龄段、来华时长。首先在国别的占比上，马来西亚有 322 名（64.3%），韩国有 179 名（35.7%）；在性别占比上，女性有 311 名（62.1%），男性有 190 名（37.9%）；在教育程度上，汉语进修生有 5 名（1.0%），大学生有 462 名（92.2%），硕士生有 26 名（5.2%），博士有 8 名（1.6%）；在受访者的年龄段上，18～24 岁有 441 名（88.0%），25～34 岁有 50 名（10.0%）；在来华时长上，半年以下的有 85 名（17.0%），半年至 1 年的有 36 名（7.2%），1～2 年的有 96 名（19.2%），3～4 年的有 62 名（16.2%），4 年以上的有 141 名（28.1%）。

2. 模型结果

使用健康类 App 对健康行为改变模型，如图 1 所示。

模型拟合度的结果显示，卡方检验拟合为 χ^2＝333.209，自由度为 df＝65。此外，从其

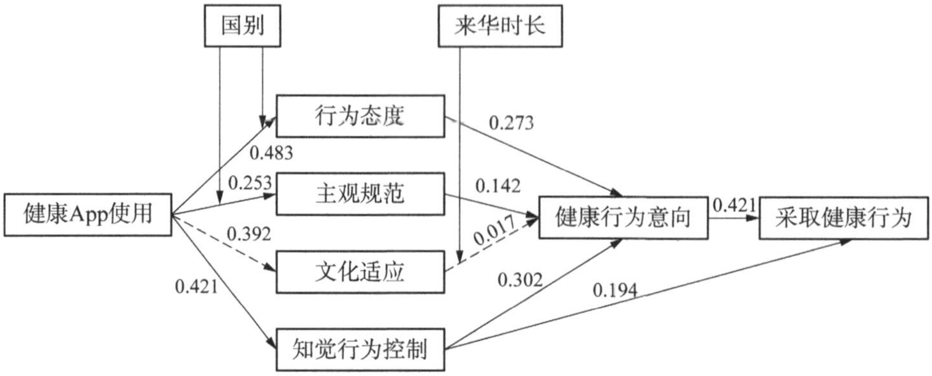

图 1 使用健康类 App 对健康行为改变模型

他指数来看,GFI=0.936、AFGI=0.810,NFI=0.959、NNFI(TLI)=0.912、RMR=0.062、RMSEA=0.091。以上数据都达到了比较满意的拟合指数,只有 RMSEA 指数偏高了一些。其比值为 0.091。从整体情况来看,其他数据都达到了比较满意的拟合指数。

结构模型的直接效应检验情况如表 1 所示。

表 1 结构模型的直接效应检验

路径	估计值	S. E.	P	检验结果
直接影响				
健康类 App 使用→行为态度	0.483	0.036	***	假设 1 成立
健康类 App 使用→主观规范	0.253	0.042	***	假设 2 成立
健康类 App 使用→文化适应	0.028	0.023	0.449	假设 3 不成立
健康类 App 使用→知觉行为控制	0.392	0.036	***	假设 4 成立
知觉行为控制→采取健康行为	0.194	0.051	***	假设 5 成立
健康行为意向→采取健康行为	0.421	0.050	***	假设 6 成立

注:* $P<0.05$,** $P<0.01$,*** $P<0.001$。

如表 1 所示,从直接效应的结果来看,健康类 App 使用对来华留学生的行为态度($\beta=0.483$,$P<0.001$)、主观规范($\beta=0.253$,$P<0.001$)和知觉行为控制($\beta=0.392$,$P<0.001$)均有显著正向影响,可见假设 1、假设 2 和假设 4 成立;此外,知觉行为控制对来华留学生采取健康行为的影响显著,且呈正向影响($\beta=0.194$,$P<0.001$),健康行为意向对来华留学生的采取健康行为影响显著,且呈正向影响($\beta=0.421$,$P<0.001$),因此,假设 5 和假设 6 成立。

对于间接效应的检验而言,笔者采用了学界最常用的方法:由弗里茨兹和麦金农提出的 Bootstrap 中介效应检验方法。样本量为 5 000,置信区间以 95%[23]。结果表明,行为态度在健康类 App 使用和采取健康行为之间有间接效应($\beta=0.049$,置信区间不等于 0,$CI=$

0.025～0.085)；主观规范在健康类 App 使用对采取健康行为意向之间有间接效应(β=0.014，置信区间不等于 0，CI=0.014～0.033)；知觉行为控制在健康类 App 使用对采取健康行为意向之间有间接效应(β=0.022，置信区间不等于 0，CI=0.007～0.042)；知觉行为控制在健康类 App 使用对采取健康行为有间接效果，检验显示 β=0.078，置信区间不等于 0，CI=0.038～0.130，P<0.01。因此，假设 7(a, b, d)和假设 8 成立。

结构模型的调节效应检验情况如表 2 所示。

表 2 结构模型的调节效应检验

路径	估计值	S. E.	P
调节效应			
健康类 App 使用×国别→行为态度	0.188	0.028	***
健康类 App 使用×国别→主观规范	0.107	0.032	0.013
文化适应×来华时长→健康行为意向	0.236	0.025	0.042

注：* P<0.05，** P<0.01，*** P<0.001。

下面回答本研究的研究问题。如表 2 所示，从调节效应的结果来看，国别对健康类 App 使用和行为态度的关系上(β=0.188，P<0.001)，以及健康类 App 使用和主观规范调节作用显著(β=0.107，P<0.01)；来华时长对文化适应和健康行为意向调节作用显著(β=0.236，P<0.05)。整体来看，国别(越是熟悉中国)可以提高使用健康类 App 对主观规范的作用，这意味着健康行为意向受到的社会影响更多，来华时间越长，文化适应对健康行为的意向的调节效应越强，这意味着产生健康行为意向的同时，也会提高对中国文化的适应。

四、结论与讨论

本文通过文献梳理，以计划行为理论为基础，拓展了相关的研究理论模型。建构的理论模型内部因素将文化适应作为中介变量，将国别、来华时长和汉语水平作为调节变量，并提出了相关假设。通过对模型的适配度、直接效应、间接效应以及调节效应的分析，得出以下结论：

从来华留学生的健康类 App 对健康行为改变内部因素的影响来看，首先，就直接效应而言，健康类 App 使用对来华留学生的行为态度、主观规范、知觉行为控制影响有显著正向影响。其次，就间接效应而言，行为态度、主观规范和知觉行为控制在健康类 App 使用对采取健康行为起到了间接作用，然而，文化适应并没有起到间接作用，这与雪莉 · D. 瑞恩(Sherry D. Ryan)等的结果是相对的[24]，由此可见，在针对类似现象的研究中，来华留学生的实际情况与在美海外留学生的情况之间有所差异。再次，从调节效应的结果来看，来自熟知中国的国家可以提高使用健康类 App 对行为态度的积极作用。这一结果与琼 · K. 梅西多尔(Jean K. Mesidor)的研究发现有些相似。最后，来华留学生通过使用健康类 App 对采取健康行为时,国别会使其受的社会影响更大[25]。

本文也存在一些不足。在定量研究方面,研究样本仅抽取了8所高校作为调查单位,问卷量有501份,因此,未来的研究将会收集来自更多地区的样本量,以此来验证变量之间的影响关系。此外,本文将来华留学生的国别仅限于韩国和马来西亚两国,未来将对比多个国别的来华留学生的情况,从而有助于丰富和完善来华留学生健康类App使用与采取健康行为的研究结果。

参考文献

[1] 彭庆红,李慧琳.高校来华留学生事务现行管理模式分析与分层管理模式探索[J].现代大学教育,2013(1):56-61.

[2] Krebs P, Duncan D T. Health app use among US mobile phone owners: a national survey [J/OL]. JMIR mhealth and uhealth, 2015,3(4):e101.

[3] 赵冬杰.移动互联时代我国健康传播App的现状与趋势研究[D].开封:河南大学,2014.

[4] Sama P R, Eapen Z J, Weinfurt K P, et al. An evaluation of mobile health application tools [J]. JMIR mhealth and uhealth, 2014,2(2):e19.

[5] Caltabiano M L, Sarafino E P. Health psychology, biopsychosocial interactions. an Australian perspective[M]. Milton: John Willey & Sons Inc., 2002.

[6] Levin-Zamir D, Baron-Epel O, Cohen V, et al. The association of health literacy with health behavior, socioeconomic indicators, and self-assessed health from a national adult survey in Israel [J]. Journal of health communication, 2016,21(sup 2):61-68.

[7] Al-Suqri M N, Al-Kharusi R M. Ajzen and Fishbein's theory of reasoned action (TRA)(1980) [M]//Al-Suqri M N, Al-Aufi A S. Information seeking behavior and technology adoption: theories and trends. Hershey: IGI Publishing, 2015:188-204.

[8] Vervier L, Valdez A C, Ziefle M. "Attitude"—mhealth apps and users' insights: an empirical approach to understand the antecedents of attitudes towards mhealth applications [C]// Proceedings of the 5th international conference on information and communication technologies for ageing well and e-health (ICT4AWE 2019),2019.

[9] Graham D J, Laska M N. Nutrition label use partially mediates the relationship between attitude toward healthy eating and overall dietary quality among college students [J]. Journal of the academy of nutrition & dietetics, 2012,112(3):414-418.

[10] 张明新,廖静文.健身运动App使用对用户跑步意向的影响:以计划行为理论为视角[J].新闻与传播评论,2018,71(2):85-98.

[11] Askelson N M, Campo S, Lowe J B, et al. Using the theory of planned behavior to predict mothers' intentions to vaccinate their daughters against HPV [J]. The Journal of School Nursing, 2010,26(3):194-202.

[12] Xiong Y, Yang L. Asian international students' help-seeking intentions and behavior in American postsecondary institutions [J]. International journal of intercultural relations, 2021 (80):170-185.

[13] 聂静虹,金恒江.病患就医意愿和健康意向的影响因素研究:基于计划行为理论(TPB)模型的构建[J].新闻大学,2017(5):86-94,150.

[14] Nelson J M, Cook P F, Ingram J C. Utility of the theory of planned behavior to predict nursing

staff blood pressure monitoring behaviours [J]. Journal of clinical nursing, 2014, 23(3-4): 461-470.

[15] Rise J, Sheeran P, Hukkelberg S. The role of self-identity in the theory of planned behavior: a meta-analysis [J]. Journal of applied social psychology, 2010, 40(5): 1085-1105.

[16] 闫岩. 计划行为理论的产生、发展和评述[J]. 国际新闻界, 2014, 36(7): 113-129.

[17] Teeters J B, Ginley M K, Whelan J P. The moderating effect of gender on the relation between expectancies and gambling frequency among college students [J]. Journal of gambling studies, 2015, 31(1): 173-182.

[18] Cho H, and Lee J-S. The influence of self-efficacy, subjective norms, and risk perception on behavioral intentions related to the H1N1 flu pandemic: a comparison between Korea and the US [J]. Asian journal of social psychology, 2015, 18(4): 311-324.

[19] Lui M, et al. Knowledge and perceived social norm predict parents' attitudes towards inclusive education [J]. International journal of inclusive education, 2015, 19(10): 1052-1067.

[20] Park N, Yang A. Online environmental community members' intention to participate in environmental activities: an application of the theory of planned behavior in the Chinese context [J]. Computers in human behavior, 2012, 28(4): 1298-1306.

[21] Miller Z D. A theory of planned behavior approach to developing belief-based communication: day hikers and bear spray in Yellowstone National Park [D]. Missoula: University of Montana, 2017.

[22] Yang Q, Wu S. How social media exposure to health information influences Chinese people's health protective behavior during air pollution: a theory of planned behavior perspective [J]. Health communication, 2021, 36(3): 324-333.

[23] Fritz M S, MacKinnon D P. Required sample size to detect the mediated effect [J]. Psychological science, 2007, 18(3): 233-239.

[24] Ryan S D, Magro M J, Sharp J H. Exploring educational and cultural adaptation through social networking sites [J/OL]. Journal of information technology education: innovations in practice (JITE: IIP), 2011, 10[2021-07-22]. https://www.learntechlib.org/p/51070/.

[25] Mesidor J K, Sly K F. Mental health help-seeking intentions among international and African American college students: an Application of the theory of planned behavior [J]. Journal of international students, 2014, 4(2): 137-149.

嵌入与冲突：老年群体“触网”行为的语境、路径与挑战

刘姿君[①] 索士心[②] 李增旭[③]

【摘 要】 本文聚焦于互联网信息时代中老年用户在信息与通信技术（ICTs）应用中的边缘化与不平等场域，从数字歧视视角出发，运用扎根理论探讨老年群体的“触网”实践、数字媒介技术的“促平等承诺”和老年数字鸿沟问题之间存在的现实冲突，探讨实现老年人与数字社会有效信息连接与解决数字信息资源分配不均问题的现实路径。

【关键词】 媒介实践；数字歧视；老年群体；扎根理论

中国社会数字化与老龄化的并轨发展特征愈发显著，一方面，我国老年群体的互联网普及率实现了重大突破。第47次《中国互联网发展状况统计报告》显示，截至2020年12月，我国60岁及以上网民群体规模达到1.1亿，老年群体正成为移动互联网争夺的重要用户群体。另一方面，我国老年人口总数不断增加，老龄化态势愈发严峻。相关预测数据显示，中国人口老龄化水平[1]将在“十四五”时期超过20%，进入深度老龄社会已成定局[2]。在数字化发展与人口老龄化加速发展的时代中，老年群体的移动互联网融入问题变得愈发严重和突出。

回顾麦克卢汉的理论，“媒介即讯息”以及“一切技术都是人体和神经系统增加力量和速度的延伸”，既佐证了数字时代“信息”的重要性，又从侧面指出了新媒介作为人体中枢神经系统的延伸，对失能老年群体的赋权意义。然而，老年数字鸿沟以及老年人在网络中话语权缺失等问题，促使我们反思新媒介、受众与信息权利之间的关系。同时，大量针对ICTs老年用户的负面偏见报道与普遍存在的年龄刻板印象，也在数字歧视层面凸显了数字技术与新媒介普及过程中存在的数字不平等与社会非正义问题。

因此，本文聚焦老年群体在互联网信息时代中的“触网”实践，为改善当下老年群体面对的排他化、边缘化的数字信息资源分配不均局面建言献策，助推“积极老龄化”事业的发展与老年群体数字融入进程，补齐年长世代“信息普惠”的短板，提升老年群体在信息化发

---

① 中国社会科学院大学硕士研究生。
② 中国人民大学新闻学院硕士研究生。
③ 山东大学文化传播学院学生。

展进程中的获得感、幸福感与安全感。

一、文献综述

21 世纪以来，移动互联网的快速发展推动社会不断变革传统生活方式，移动支付、电商消费、互联网新媒介将人类逐步带入数字化生存的时代。对于科技发展中的人类社会，不同领域的学者近年来都已从多重视角分析研究新媒介浪潮对人类及其生活造成的种种影响。在数字社会中，学者们依据人们的数字化生存状态将人群划分出两类人——数字原住民(digital natives)和数字移民(digital migrants)。前者是引领新媒体浪潮的青年人，后者是亦步亦趋适应新媒体浪潮的中年人。然而，在这一划分标准下，被新媒体浪潮边缘化的老年数字弱势群体显然成了“失语”群体，成为在数字社会中被忽视的群体。

在全球人口老龄化问题加剧、中国人口老龄化发展速度居全球第一的今天，如何在社会正式进入深度老龄化阶段前正视与解决老年群体的移动互联网融入问题，在不可逆转的人口老龄化进程中调整老年群体“被边缘化”的数字社会格局，成为社会亟待解决的重要问题。

目前，老年群体与媒介使用的相关研究已成为传播学领域的重要议题。在过往的研究中，已有相当多学者就老年群体的媒介需求、媒介接触行为与媒介形象展开了讨论。老龄化传播也以其复杂多元的结构特征，呼吁学者们从政治、经济和文化关系等社会层面关注其演变历程与不断出现的新问题。

在老年群体的数字生活融入层面，很多学者敏锐地抓住了相关研究问题，从多个角度研究老年群体的互联网使用行为。例如，蒋俏蕾、刘入豪与邱乾从技术赋权的角度肯定了以智能手机为代表的新媒介技术在信息、关系、行动等多个维度上对老年人身心健康和社会发展的积极意义[3]；彭希哲等学者基于中国综合社会调查(CGSS)2012、2013 和 2015 年的微观数据量化分析，证实了使用互联网能够显著提高老年人的主观幸福感[4]。然而，杨一帆等学者指出，由于数字认知能力有限、受教育水平差异较大、精准为老服务程度低、社区环境和管理缺乏年龄意识等现实原因，老年群体仍身处数字鸿沟之中，面临出行不便、就医困难、交往不畅等“数字融入”障碍[5]。

而对于老年群体为何会成为数字弱势群体，刘勍勍、左美云、刘满成根据老年人互联网应用的持续使用模型，提出了影响老年群体互联网应用的 8 个因素，指出了“计算机焦虑”的心理恐惧、“身体机能的下降”以及“感知易用性”不足是老年群体难以融入数字化社会的重要障碍[6]；邓蔚、汪明香则从媒体责任角度指出，专业老年人媒体的匮乏和媒体产品对老年人的忽视都使得数字鸿沟被进一步拉大[7]；石晋阳则将老年群体的数字融入困境归结为接入沟、技能沟、内容沟和动机沟 4 类数字鸿沟，认为老年人自身的主观能动性是“数字融入”的前提[8]。

本文在前人的基础上继续向纵深挖掘，基于老年群体在接入互联网过程中的表现，探究其在数字化时代如何改变自身所处的不利局面，为老龄化与数字化双轨并行融合发展发掘新思路,最终对缩小数字鸿沟,探索老年群体适应数字化的新方式,建构信息社会的公平状态产生重要的现实意义和前瞻性意义。

二、数据来源与研究设计

本文采用深度访谈的质化方法,以半结构化访谈文本作为一手资料,在原始访谈资料的基础上运用扎根理论,总结出有效框架与模型。围绕老年人的媒介使用行为,本文制定了一份半结构化访谈提纲,对 17 位采访对象展开访谈。访谈过程中允许研究人员对具体问题进行延伸拓展,就老年人的媒介使用行为、习惯、感受,老年人获取媒介信息的方式、途径和渠道,以及老年人与子代、配偶、朋友等的媒介互动关系及老年人对新媒体的态度、情感等问题展开详细的讨论。

本文通过滚雪球抽样的方式,共选取 17 位媒介使用行为较为典型的受访者进行访谈(具体信息见本文附录),获得 3 万余字原始访谈资料。受访者中 8 名为男性,9 名为女性,性别比例基本均衡,职业和身份等维度也较为多元。然而,由于滚雪球抽样的局限性,研究在解释力和效度上仍有待提升。

三、编码分析

根据"程序化扎根理论"原则,本文依次对原始文本进行开放式编码、关联式编码与选择式编码,剔除无效和重复概念后,得到有效概念 21 个、类属 9 个、主类属 4 个,以及核心类属 2 个,如表 1 所示。

表 1　编码分析

<table>
<tr><th>典型初始语句</th><th>有效概念</th><th>类属</th><th>主类属</th><th>核心类属</th></tr>
<tr><td>124. 我觉得使用智能手机是一件比较困难的事情,但是还应该继续学习。不管是别人教你也好,还是自己学也好,我觉得都挺好的,老年人也应该与时俱进,跟上时代的步伐</td><td>积极学习使用</td><td rowspan="2">积极意愿</td><td rowspan="4">主动纳入</td><td rowspan="4">双向嵌入</td></tr>
<tr><td>129. 我觉得还是学会的好,学不会那就停留在上一个时代了</td><td>跟上社会发展</td></tr>
<tr><td>45. 最近两年会使用智能手机的老年同事明显比以前增多了,这和党对离退休干部的学习督促确实是分不开的</td><td>社会资本积累</td><td rowspan="2">纳入动机</td></tr>
<tr><td>202. 那肯定很方便呐!你不出门就可以在家买菜,买完菜一会儿就送来了!</td><td>便利日常生活</td></tr>
</table>

续　表

典型初始语句	有效概念	类属	主类属	核心类属
78. 特别是遇到我们老年人开会呀，或者遇到退休的一些老同志呀，相互之间会聊，会讲这些	社会关系支持	媒介实践	扩术扩张	
118. 我感觉普及率还行，我身边的这些人五六十的，基本上都有智能手机。 119. 感觉现在一般人都能买得起智能手机，没有智能手机的基本上都是不愿意购买或者不想要，嫌用起来麻烦	设备普遍接入			
55. 每天都要通过手机看国内和国外的新闻。 224. 假如不知道，(我)就可以从这个智能手机查一查。	信息主动获取			
125. 有帮助老年人使用智能手机的教学班，有一些社区也会提供这些帮助。那些使用手机比较流畅的老年人，人家就学过，所以人家就知道的多。	政策支持	社会管理		
55. 出去坐公交、地铁，上医院、银行，去景点玩，都得扫各种码	用途支配			
38. 有过一次(线上会)，是直播上党课	工作需要			
18. 现在网上购物我也会了，学会使用拼多多之后现在天天在拼多多上买东西	网络消费行为	商业资本		
19. 我现在准备去买一个华为手机，华为智能手机很厉害，现在5G了网速很快，就是不知道5G能不能学会	技术概念认知			
106. 我就是觉得老了，我们又不是什么领导者，那些领导者可以好好学学。 107. 老年人就是责任没有那么大了，怎么着都行，很轻松了，不用学习先进的(东西)	意愿不足	消极接入	自我边缘	多元冲突
100. 老了就是老了，××家卖馅饼的，他说在手机上摁上一个点就多100块钱，他就经常不敢用，一共就“两个钱”，不舍得丢了(被骗走)，就不敢用了	技术恐惧			
102. 光在家里又不出去，用不着了。 106. 孩子给买的，就拿来打打电话，有电话就回，或者有事情问问	需求缺乏			

续 表

典型初始语句	有效概念	类属	主类属	核心类属
181. 我有手机,是我儿子给买的	子女购买设备	责任转嫁		
14. 收款二维码这些也是女儿帮忙打印的	依赖外部指导			
172. 问了一遍学会了,过一会儿又忘了。 95. 老了眼睛也不行了,再看手机就把眼睛看坏了	身体机能受限	接入难度	数字歧视	
150. 那手机屏幕字实在太小了,我们上年纪了眼神不行,看不清!	设备可及性差			
167. 会从微信公众号与微信群获取相关消息,但是微信获取到的信息可信度不高,因为常常会听到两个完全相反的版本。 172. 手机上有的消息可不真实了,有的也乱七八糟的	信息获取存疑	使用体验		
238. 自己买的手机,但是只会打电话,接微信电话	功能使用简化			

经过上述三级编码,本文最终抽象得出的核心类属为:存在于老年群体与数字媒介之间的“双向嵌入”与“多元冲突”。围绕这两大核心类属,本文将老年群体与数字媒介的互动关系概括为如下动态模型(见图 1),具体阐述如下:

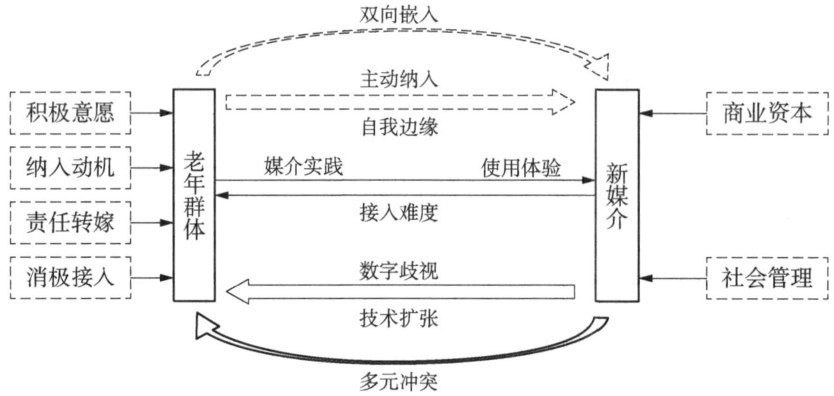

图 1 老年群体与新媒介互动模型

在数字化实践中,老年人有着主动纳入数字世界(“触网”)的意愿与倾向。而具体到实践中,市场与资本也“嗅”到了老年群体的需求,为老年群体的移动设备接入与使用提供了必要的基础设施条件,老年群体的媒介消费行为也变得普及与丰富。老年群体拥抱数字化的意愿与新媒介扩张的需要相互嵌入,形成正向的互动关系。这种倾向与新媒介自带的技术扩张趋势一旦相遇,就形成了双向嵌入的互动路径。

尽管老年群体和数字媒介都有双向嵌入的强烈愿望，两者的相遇仍充满矛盾和冲突。一方面，老年群体对自身的“放逐”和对新技术的恐惧使他们没有足够的主观意愿接触这些新生事物；另一方面，社会关系的简单化也让他们缺乏对接入数字世界的欲望。与此同时，他们在数字设备的消费上很大程度依赖子女，即便在消费上不存在问题，使用时也少不了向子女寻求帮助。这些因素共同导致老年群体在“触网”的态度与认知上呈现自我边缘化的趋势。在更为广阔的新媒介实践场景中，老年群体面临的是更为复杂的数字歧视环境。由于身体机能的不足和设备本身的限制，他们往往只能进行初级的、简化的接入与使用，难以进行较为复杂的操作，更无法真正享受新媒介带来的智能与便捷，从而加剧了老年群体的数字融入困境。由于嵌入与冲突的双向互动效果并不对等，今天的银发一族实际上面临的是冲突大于嵌入的局面。

四、研究发现

1. 嵌入的愿景：老年群体“触网”实践的现实语境

人类对新生事物往往怀有追求与恐惧交织的复杂态度，而从数字媒介诞生的那一天起，它就以无法遏制的势头逐渐渗透到人类社会的各个角落。面对复杂的现实语境，银发一族首先在一种主动嵌入的情绪驱使下开展数字融入实践。这一嵌入路径具体体现为以下四点：

1）社会管理系统中“没有选择”的选择

老年群体清楚地认识到时代的变化与自身进步的必要性，为了要避免因年纪增长而与社会过于脱节，他们必须紧跟时代发展。这种嵌入的动机不仅来源于自身对社会发展的认知、对人际交往的渴望，更包含服从社会系统强制管理与支配的无奈，成为一种“没有选择”的选择。

本文发现，尽管老年人的社会参与度逐渐降低，他们依然是社会管理网络的一员，生活在社会的各种规训体制之下。当数字设备逐渐成为社会管理的利器时，银发一族也必须学习这些新工具，与新的时代合拍。正如一位退休干部所说的：

> 最近两年会使用智能手机的老年同事明显比以前增多了，这和党对离退休干部的学习督促确实是分不开的。(45)

管理上的外力如此，不甘老去的人们内心也有着充沛的对数字世界的渴望。他们同样吸收接纳着新事物的发展，试图跟上时代发展的脚步。有受访者说：

> 我觉得还是学会的好，学不会那就停留在上一个时代了。(129)

2）商业浪潮里被裹挟的“消费者”

伴随我国经济的快速发展，作为消费者的老年群体愈发受到市场关注。一方面，老年人可以较轻松地跨越“接入沟”,拥有属于自己的智能设备;另一方面,消费行为本身也越来越依托数字设备。对于行动不便的老年人来说,足不出户的网上购物、快递外卖无疑是消费方式的另一种尝试。在跨过设备接入沟后,互联网巨型平台的触角也在软件层面上延伸到这些银发老人的生活中。互联网产品“适老化”的呼声不断,“百度大字版”等带着商业气息的适老产品层出不穷,这也从侧面证明老年人仍是数字时代的重要目标客户群体。

在消费行为日益转移到线上的大背景下,通过媒介消费也成为越来越多老年人的选择。快递、外卖这种足不出户即可购买商品的方式给出行不便的老人带来了便利,在访谈中,受访者在回答使用手机用来做什么时,不同的受访者多次提及网络购物:

> 现在网上购物我也会了,学会使用拼多多之后现在天天在拼多多上买东西。(18)
> 那肯定很方便呐!你不出门就可以在家买菜,买完菜一会儿就送来了!(202)

在数字化消费的供给侧和需求侧,老年群体都愈发成为重要的组成部分。从接入数字设备开始,老年群体便被裹挟在消费浪潮中,成为这个庞大市场的参与者。

3) 实用主义指导下的媒介实践

银发一族积极使用智能设备、嵌入数字世界的过程鲜明地体现了一种实用主义倾向:个体的参与意愿由客观上的现实便利和主观上的感知有用性催生。本文发现,老年人在数字世界中并非单纯的“边缘化弱者”,相反,他们大多是现实的实用主义者。面对智能手机这个需要一定学习成本的科技产品,“有用与否”成为老年群体评估自己是否需要投身智能手机使用学习过程的主要影响因素,同时,这一因素在老年群体的媒介实践中扮演着极为重要的角色,既是原因,又是手段、目的。从最原始的与子代沟通交流的需求出发,老年人们逐渐开始进入由年轻人主导的互联网话语体系,通过“玩手机”“刷淘宝”等数字实践试图与主流人群共享一套话语体系和媒介仪式,并在这样的实践中完成自己的反边缘化探索。

然而,在老年人群的叙事中,除“用处”外,与身体有关的自我评估既是表述学习、使用智能设备的关键动机,又是其拒绝接入数字世界的重要考量。下一部分将展开阐述老年群体数字融入的困境与冲突。

2. 数字歧视的三重向度:老年群体数字融入实践的现实挑战

1) 分配不均的数字资源:数字社会的非正义问题

从强调技术占有与媒介素养的数字鸿沟研究出发,到重视 ICTs 与社会不平等状态交互作用的数字不平等理论,研究者不断从各个角度出发深入探讨分配不均的数字资源作为数字歧视具象化的向度。本文则基于前人观点进一步探讨,将讨论的内涵范畴上升到数字社会非正义的层面,进而关注存在于老年群体数字融入实践中更深刻的社会关系。

在维托里奥·布法切(Vittorio Bufacchi)对社会非正义思想的政治哲学论述中,社会非正义被定义为一种不当而有害的利益和责任的分配方式。当利益与责任的分配使得一部分人的分配所得少于其他人时,非正义便产生了[9]。在当下的信息社会中,数字资源的分配自然也进入了社会非正义理论的探讨范畴之中。在这一具体的社会实践情境中,ICTs 老年用户作为一个群体，在其数字融入的过程中普遍存在着智能手机使用能力较为低下的普遍特征。这些不平等为"信息富有者"和"信息贫困者"之间对立社会关系的产生创造了条件。而当占据优势地位的数字原住民利用老年群体在物质与精神上的弱势，将其进一步排斥出线上的数字空间时，老年群体不可避免地屈从于这种隐晦的社会不公，逐渐陷入话语权的真空与边缘化的窘境，作为"沉默的大多数"[10]，被互联网世界驱赶出去。正如一位受访者所言：

"谁不想学会(使用智能手机)？就是人老了，人人都嫌，没人爱教，脑子也笨了，学得慢，就不用了呗。"

老年群体受限于身体机能与充斥着歧视因素的社会环境，难以掌握 ICTs 等数字时代获取信息资源的工具，自然逐渐倾向于将自己流放在数字社会之外，难以彻底融入其中。此外，在面对数字空间的不断扩大与日益突出的数字技术学习需求时，老年群体作为一个复杂的异质群体，在经济收入、教育水平等个体资源禀赋上存在较大差距。因此，老年群体内部以及老年群体与其他外部人群在尝试数字融入之初便已存在着显著的能力高低之差。

2）排他化的教化方式：以社会资本替代数字资本的"授人以鱼"

杨一帆指出，社会资本对数字科技经常以以下两种机制发挥替代作用：一是通过社会资本培育数字资本，即由亲友传授老年人"触网"的操作方式，持续保持线上和线下的连接和赋能；二是使用社会资本替代数字资本，由家人包揽、转述、代办，为老年人提供数字服务。

本文同样发现，在老年群体的数字融入过程中，来自社会资本的支持显著地影响着老年群体对数字技术的习得水平。在社会资本帮助老年群体使用数字媒介的过程中，存在着"授人以渔"与"授人以鱼"两种不同的教化方式。多位老人反映，手机上各种各样的 App 都是子女帮忙下载安装好以后自己使用的：

"学习党课党史，(孩子)帮我下载了《学习强国》，之后我会截屏下来然后把一些知识用笔记本记录下。"(23)

与此同时，老人们虽然持有智能手机，却仅能掌握其"不智能"的一面：

"手机上没放钱，觉得生活很不方便，买不了车票啥的。"(236)

在"授人以鱼"式的教化中，借助外界社会资本取代老年人数字资本的教化机制看似直接地解决了银发一族身处的数字融入困境，实际上却暗含着一种排他性的威胁。这一教化方式实质上作为数字歧视的具体实现形式之一，严重地压制了老年人"触网"过程中自发的主体性与应有的知情权,有效地将老年群体排斥在社会合作的利益、责任共同体之外。

3)去权力化的社会规训:“失能身体”的歧视话语

与技术赋权论所期许的美好现实相悖的是,在当下错综复杂的社会生活中,老年群体作为数字世界中的弱势群体,非但没能借助数字技术的力量有效地获取信息、参与表达和采取行动,实现改变自己不利处境,获得权力和能力的目标[11],反而在不平等的社会权利结构进一步中遭受了另一种新的不公对待——基于老年群体的身体缺陷与数字时代特征而萌发的“失能身体”歧视话语。

在具身层面,老年群体在“触网”过程中确实受到了“失能身体”带来的认知能力、视力、听力弱化等因素的限制,无法灵活运用智能设备高效率地完成数字信息的传播和接收;而在精神层面,外来话语在他们身上的建构却也拟制出了更为直接的、彻底的对于“失能”的认同。老年群体对于“失能身体”近乎偏执的理解也在另一层面为其实践行为设置了无形的疆域,个体在此处的主体性被模糊掉,进而使得老年群体压抑或者放弃了对智能设备的学习欲望。在深度访谈收集到的质性文本中,对于自我身体的负面评价作为一种叙事框架突出地显现在受访者描述媒介使用实践的过程:

> “(我)太笨了,学东西太慢”“老了之后脑子也不好用了”“年轻人才学得会,我们太笨了,学不会(使用智能设备)了……”

究其来源,这些对于“失能身体”限制的肯定以及由此延伸的其他霸凌性的歧视话语,同时弱化了老年群体的身体权利与自我表述的话语权利,造成了老年群体在数字生活中普遍存在的“自我放逐式”的负面影响。对于这一问题,可以确认的是:老年群体作为数字弱势群体,遭受着能够熟练掌握数字使用技能的优势群体的轻视、羞辱与权利侵占的“剥削”行为。

五、研究结论

从老年群体数字融入实践的现实挑战出发,在问题解决的路径层面,本文提出从个体到社会、国家的多元主体协同的路径,以期有效应对老年群体“触网”行为中的种种障碍,推进数字平等与社会正义的发展。

1. 个体层面:重塑主体性的呼吁

从上文对老年群体嵌入路径的阐释中,可以清晰地看到老年群体对融入数字世界的充沛意愿、需求以及学习欲望和能力。然而,上文所述的“歧视话语”与社会规训却压抑了老年群体在数字世界里的自我表达权利,暗含着对老人身体价值的否定乃至对其身体功能的抑制。此外,数字技术的迅猛发展引诱着人们过度依赖虚拟世界,而老年人唯一忠实的身体却饱受着“失能”之痛,老年群体与数字世界呈现出明显的“断连”状态,孤独感由此而生。基于此,互联网浪潮之下身体主体性的复归显得尤为重要,为老年群体数字融入矛盾解困,重视、保持、重塑老年群体的主体性是重中之重。

2. 社会层面：数字包容的尝试

在数字鸿沟日益扩大的今天，发展数字包容政策，通过促进信息与通信技术的进步，确保社会之间和社会内部更均匀地进行利益分配，为所有人创造数字机遇并让人们从 ICTs 的发展中受益，进而实现弥合数字鸿沟的目标，已成为全球范围内各国政府关注的焦点[12]。在数字时代新的话语空间与表达规则的冲击之下，家庭内部对老年群体的支持及其与数字接入水平之间的关联，也在学者们有关“数字反哺”的研究中得到了充分解释。老年群体重返学习之路，向迅猛生长的数字技术探出触角。在这一充满障碍的学习过程中，来自子代的数字反哺在促进数字包容、弥合数字鸿沟的尝试中显得尤为重要。因此，将社会和家庭相结合，由社会资本培育数字资本，使老年人在家人和朋友的扶助下习得数字媒介的使用技能，是当下社会应当予以重视的有效途径。

3. 国家层面：促公平的政策与制度设计

老年群体的数字融入困境实质上是一个社会问题，而非单纯的经济或技术问题。在探讨这一困境的解决路径时，也势必要最终回归到诱发数字不平等的根本性的制度环境上。数字技术不均衡接入和差异化使用，作为社会经济等各个方面不平等的一种反映，要求国家与政府及时针对老年群体的数字权利保护，确立平等保护和倾斜保护并举的原则[13]，并确立相关法律法规。从法律赋能的视角出发，确保老年人作为数字弱势群体，在接入数字世界的过程中平衡自身的权利与义务，平等地获取信息社会中的数据资源，弥补其在资源禀赋和社会建构上的弱势地位。

六、结语

正如周晓虹教授所言，我们当下面临的老年人与新媒体的矛盾，是一场“只此一地”“只此一次”的独特体验。本文所呈现的仅是中国大地上的一隅缩影，是一个特定时代的小小回声，而现实中的问题必定更复杂、更具体，并且随着时代的发展不断呈现出新的样貌。

普罗大众对老年人的精神生活、痛苦与寂寞知之甚少，这与老年人自我展示的权利被压缩在线下世界中的小小一隅紧密相关。而徜徉于线上世界中的青年一代，又该如何回头看，才能帮助老人更好地实现与数字社会的连接？在数字化日益改变生活的今天，如何“让老年人在信息化发展中有更多获得感、幸福感、安全感”，在技术进步的春风里提高生活质量，已成为当代传播学研究一个不可回避的时代命题。

因此，本文呼吁将“身体话语权利”复归于弱势群体，避免将有关“失能身体”的限制话语强行建构于弱势群体之上。我们提倡社会进一步关怀和包容数字时代的老年人群，重视其信息接入困境，并通过反“数字歧视”的手段为他们打开一扇新的大门。只有这样，老人们才不再被话语和观念的无形疆域所束缚，能将完整的自我投入数字化实践。如此，数字普惠、数字适老所允诺的世界方能真正到来，让这些 20 世纪的创造者也能感受到 21 世纪的回报与喜悦。

附录:受访者基本信息

编号	性别	职业	教育水平	年龄
1	男	退休干部	大专	85
2	女	退休干部	高中	71
3	男	退休教师	中专	75
4	男	公职人员	小学	70
5	女	退休工人	小学	72
6	女	图书管理员	初中	69
7	女	小学教师	中专	80
8	女	核基地退休人员	高中	65
9	男	退休翻译	初中	77
10	女	农民	/	70
11	男	退伍军人	本科	60
12	男	农民	/	69
13	男	农民	小学	73
14	女	清洁工	小学	57
15	女	化肥厂工人	/	78
16	女	农民	小学	71
17	男	退休干部	本科	78

参考文献

[1] 本文中人口老龄化水平指60岁及以上老年人口占总人口比重。
[2] 原新,金牛.在国家战略体系中积极应对老龄社会问题[J].人口研究,2021,45(2):3-12.
[3] 蒋俏蕾,刘入豪,邱乾.技术赋权下老年人媒介生活的新特征:以老年人智能手机使用为例[J].新闻与写作,2021(3):5-13.
[4] 彭希哲,吕明阳,陆蒙华.使用互联网会让老年人感到更幸福吗?:来自CGSS数据的实证研究[J].南京社会科学,2019(10):57-68.
[5] 杨一帆,潘君豪.老年群体的数字融入困境及应对路径[J].新闻与写作,2021(3):22-29.
[6] 刘勍勍,左美云,刘满成.基于期望确认理论的老年人互联网应用持续使用实证分析[J].管理评论,2012,24(5):89-101.
[7] 邓蔚,汪明香.老龄化传播中数字鸿沟的成因及对策[J].中国广播,2015(1):55-58.
[8] 石晋阳.老年人的数字融入困境与媒介教育出路:基于数字鸿沟的视角[J].青年记者,2020(25):14-15.

[9] 布法切. 社会非正义[M]. 洪燕妮，译. 南京：江苏人民出版社，2020：12.
[10] 杨一帆，潘君豪. 老年群体的数字融入困境及应对路径[J]. 新闻与写作，2021(3)：22-29.
[11] 黄月琴. "弱者"与新媒介赋权研究：基于关系维度的述评[J]. 新闻记者，2015(7)：28-35.
[12] 闫慧，张鑫灿，殷宪斌. 数字包容研究进展：内涵、影响因素与公共政策[J]. 图书与情报，2018(3)：80-89.
[13] 杨一帆，潘君豪. 老年群体的数字融入困境及应对路径[J]. 新闻与写作，2021(3)：22-29.

冲突还是建设？新医改后主流媒体医患关系报道的内容分析（2010—2020年）

潘　颜[①]　李晓静[②]

【摘　要】 新医改后，我国主流媒体刊发了大量与医患关系相关的报道，试图呈现并探讨医患关系的紧张状态与缘由。本文主要探索了我国主流媒体医患关系新闻报道的内容与形式，比较了官方媒体与商业媒体在此议题上的分野，并对我国主流媒体如何在医患关系议题上进行框架建构展开探讨。研究方法上，本文以新闻的框架化为视角，针对主流媒体《人民日报》和财新网在2010—2020年间的740篇医患关系新闻报道进行内容分析。研究发现，官方媒体更强调事实性报道和政策性报道，商业媒体则侧重于观点性报道，两者在消息来源、报道取向与传播基调上均存在显著差异。责任归因框架和冲突框架是我国主流媒体在涉及医患关系问题上最常使用的新闻框架。总体而言，我国主流媒体对于植根于制度性缺陷而产生的医患冲突，仍有待优化报道，以形成更具策略性的新闻框架，参与医患关系的疏导进程。

【关键词】 主流媒体；医患关系；内容分析

新医改的政策文本主要是2009年3月17日公布的《中共中央、国务院关于深化医药卫生体制改革的意见》（简称《意见》）。《意见》提出了"有效减轻居民就医费用负担，切实缓解'看病难、看病贵'"的近期目标，以及"建立健全覆盖城乡居民的基本医疗卫生制度，为群众提供安全、有效、方便、价廉的医疗卫生服务"的长远目标。自新医改实施以来，政府加快推进了包括基本医疗保险制度、国家基本药物制度等五项重点领域改革。随着改革的不断深入，我国医疗卫生体制存在的弊端与问题也日益凸显，如区域、城乡之间卫生资源不均衡，基层卫生服务机构能力缺陷等问题仍有较大的改进空间[1]。针对医患关系问题，新医改主要从建设医疗纠纷多元化解机制和形成医疗纠纷多元化解机制两个维度出发，同时强调将人民调解作为处理医疗纠纷的主渠道，引导通过柔性方式解决医患纠纷，促进医患关系和谐。

医患关系是关乎民生的重要问题。医患关系和睦而具有建设性，有利于医方治病、患

① 上海交通大学媒体与传播学院硕士研究生。
② 上海交通大学媒体与传播学院副院长、教授、博士生导师。

者痊愈；而医患关系矛盾频出，则会导致双方互不信任，严重影响治病救人的进程，甚至阻碍医疗水平的提升。新医改实施以来，我国的医疗卫生事业获得快速发展，但是医患关系的紧张状况并没有得到有效改善。在部分省（市、自治区），医患纠纷仍然严重。《中国医师执业状况白皮书》2017 年的调研显示，受访医师中有逾六成认为自身执业环境没有得到有效改善。目前我国医患关系的真实情况如何，医患关系情况又是如何呈现在主流媒体平台进而被广大人民群众所知悉的，已经成了一个复杂且亟待深入研究的时代问题。

一、研究综述

1. 医患关系研究

西方医患关系研究的起点始于 20 世纪 50 年代塔尔科特·帕森特（Talcott Parsons）在《社会系统》（*Social Systems*）中提出的"病人角色"概念[2]。这一概念对医生和患者之间需要相互承担的义务进行了详尽的描述。此后，对帕森斯理论的批判（如仅适用于急症或某些特定情境）以及标签理论的提出[3]，均进一步深化了对患病行为的探讨。后续，又先后出现了两个关于医患关系的理论框架：托马斯·萨斯（Thomas Szasz）和马克·霍兰德（Marc Hollender）声称，医患之间的关系可以归为三类："主动—被动""指导—合作"和"双向参与"[4]；大卫·E. 海耶斯-鲍蒂斯塔（David E. Hayes-Bautista）则将医患互动视为谈判过程，而不仅是医生发出命令、患者执行命令（以一种自动的、毫不怀疑的方式）的过程[5]。目前，西方医患关系研究的落脚点已逐渐倾向于让病人参与决策，医生应在与病人就医疗决策进行沟通时注重平等原则[6]。

与西方植根于社会学的医患关系研究不同，我国对医患关系的研究主要关注社会管理层面。20 世纪末，随着医疗卫生政策逐步转为市场导向，我国医患矛盾问题逐渐萌生并日益严重，医疗暴力冲突事件时有发生。我国医患关系研究主要探讨了医患关系的性质、医患矛盾以及医疗暴力产生的原因和对策，另有法学研究者讨论了医患关系中的伦理学和契约问题[7-8]。其中，医患关系的定性是针对医患关系展开探讨的基点，究其根本在于医患关系是行政主导型还是消费型[9-10]。对于医患关系的契约问题，部分学者基于医疗合同制度的设计予以肯定，但也有学者认为该关系为复合型的社会服务关系，需要进一步考量医疗科技的有限性等问题[11]。在法理层面，我国《侵权责任法》和《民法典》对于医患关系的界定并不明晰[12]，故我国医患关系的定位尚不确定。

2. 新闻报道与健康传播研究

媒体在向受众传播健康信息时的表现已成为西方健康传播学界对新闻报道研究的主要关切。同时，已有研究开始探索，在面对医疗卫生领域事件时，媒体的新闻报道到底对信息有效传播做出了贡献，还是加深了公众对于医疗问题的疑虑。从传播学科的角度，媒体对已有报道的研究主要针对某一特殊时期或是特殊病例。例如，克里森·M. 拉丘尔（Christen M. Rachul）等人对 H1N1 大流行时期的相关报道进行分析，发现加拿大报纸主要涉及接种疫苗等内容，而其他媒体多强调 H1N1 感染风险[13]。还有学者研究了 2004—

2008年间医学类新闻网站上所报道的心理健康领域的新闻内容、类型及渠道等情况,发现总体上,虽然媒体医疗报道的质量仍然较差,但在某些领域有一定的改善。然而,商业时事电视节目对健康新闻的报道质量始终较差。2010年,海伦·普罗瑟(Helen Prosser)主要探究了报纸如何建构医疗科学的意义与功能,并运用话语分析方法检验了报纸作为公众健康信息来源渠道的情况,并指出媒体构建了一套离散的、矛盾的、经常过于简化的关于医学的描述。话语中的意识形态范式将患者置于被动和被剥夺权利的地位,同时赋予"专家"知识特权,由此形成了排斥病人参与决策的医患关系现实[14]。

国内学术界关于媒体与医患关系的研究主要强调媒体应以怎样的新闻态度和方式参与涉及医患的新闻,以及如何发挥媒体在医患之间的桥梁作用和舆论引导功能[15-17]。2006年,蒋廷玉的研究发现,媒体的负面报道易于激起公众紧张、恐惧的心理,从而对医患关系产生负面影响[18]。刘岱淞通过对1984年医改以来《人民日报》所反映的医生形象进行探索,发现其负面形象从"态度冷漠"到"乱开药、收红包",而后主题方面变化较少,但相关负面报道数量增多[19]。近期,陈娟和李金旭从集体主义、关系主义和个人主义视角审视主流媒体《人民日报》在1978—2018年间医患新闻报道的作用。研究发现,个人主义在近40年内不断提升,但集体主义依然是调节医患冲突的主要报道视角,并被不断强化;当医患关系出现明显对立且矛盾激化时,主流媒体弹性调节双方行为的关系主义视角报道会显著增加。契约设计缺失及医患双方对契约的理解不足,使得个人主义往往被置于"诉求并不合理"的框架,并与医患关系紧张直接关联。研究还强调了医疗组织架构和顶层设计的相对缺位,堵塞了医患矛盾合理疏通的出口[20]。也有研究探索了媒体内容对医患关系的影响,并发现高价药之类负面新闻的播出会对医患关系造成负面影响[21]。

3. 主流媒体的影响力及特征

已有媒介影响力研究发现,主流媒体不仅具备与一般新闻媒体不同的权威性、影响力和公信力,社会各界均将其报道和评论引以为行动和思想的依据,并大加关注[22]。其受众为社会各个阶层,并且具有较高的阅听率[23]。现有实证研究表明,到目前为止,主流媒体的影响力整体上依然处于优势[24]。

自20世纪70年代末以来,改革开放使我国主流媒体的经济模式从国家补贴转向依赖自身。市场化的转变引发了媒体之间的差异:官方媒体依旧关注直接传播党的路线方针政策,也有部分媒体逐渐将视线转向更广泛的受众,以期最大限度地增加订阅和广告收入。在这一阶段,分工逐渐形成:官方的党内出版物仍然致力于新闻的经典宣传功能;另有一些以商业为导向的出版物,虽然保留了政治功能,但更多的是以流通建设和广告销售为导向,而非宣传导向[25]。鉴于近年来数字技术在国内的扩散,本文拟将数字媒体平台纳入考量范围[26]。

通过文献梳理,主流媒体对突发事件的报道主要呈现以下特征:官方媒体所反映的报道基调以正面为主,在对议题进行阐述的过程中强调"政府形象框架[27]。具体来说,官方媒体始终带有浓厚的官方色彩,话语风格严肃,强调与政府步调一致;商业媒体虽然同样立足于正面报道的整体基调,但更注重客观性原则,侧重于探索冲突原因与还原真相[28]。在已有研究中，关于官方媒体与商业媒体的报道框架对比多见于灾难报道研究，而医患纠纷问题等社会民生报道研究较为罕见[29]。因此，在公共卫生这一民生话题的新闻框架分析中，本文选择主流媒体作为研究对象，并试图探索主流媒体中官方媒体《人民日报》与商业媒体财新网在新闻建构中的异同。

4. 研究问题

时至今日，国内媒体医患关系新闻报道的框架研究仍不多见。因此，本文以此为切入点，旨在通过对 2010—2020 年《人民日报》和财新网涉及医患关系的报道进行内容分析，进而探究官方主流媒体与商业主流媒体医患关系新闻报道呈现的内容与形式，并对我国主流媒体如何在医患关系议题上进行框架建构有一个较为全面的认识和了解，最终试图从主流媒体医患报道的框架建构中剖析媒介与社会关系的变化趋势与未来方向。

基于媒体传播与医患关系现状，本文提出如下研究问题和假设。

研究问题 1:2010—2020 年间，官方媒体与商业媒体的医患关系新闻报道基本情况如何？呈现何种变化趋势？

研究假设:官方媒体和商业媒体在医患关系新闻报道中存在显著差异。

研究问题 2:2010—2020 年间，主流媒体新闻报道中医患冲突问题类和医患关系建设类新闻分别如何进行新闻框架建构？

研究问题 3:2010—2020 年间，主流媒体新闻报道中框架建构反映了媒介与社会关系的何种变化？

二、研究方法

1. 研究对象选取

本文选取官方媒体《人民日报》和商业媒体财新网 2010 年 1 月 1 日—2020 年 12 月 31 日所有关于医患关系的新闻报道作为研究对象，主要原因在于：

(1)《人民日报》的内容代表中国官方立场。因此，《人民日报》与央视《新闻联播》并列成为国际媒体和国际政治了解中国政治发展的风向标。《人民日报》于 1992 年被联合国评为“世界十大报纸”之一，具有足够的权威性与代表性。

(2)《人民日报》以天为出版周期，信息量大，覆盖面广，可以详尽解释医患关系新闻报道在我国的主要演进规律。

(3) 财新网是中国乃至中文地区拥有一定影响力的网络媒体，也是中文互联网原创新闻全媒体内容的主要供应商，近年来影响力开始不断提升。财新网是我国第一家启动网络新闻内容全面收费的新闻媒体平台，其旗下新闻付费阅读产品“财新通”上市一年后，截至 2018 年底，独立访客超过了 5 000 万，注册用户数超 200 万，付费内容覆盖机构用户近百万，月平均访问量过亿。在中国新闻网站中，其移动端传播力居于头部。

2. 研究时间段选取

本文选择 2010—2020 年这一时间段来进行官方媒体与商业媒体的对比研究，原因在于

2009 年 3 月 17 日公布的《中共中央、国务院关于深化医药卫生体制改革的意见》(简称《意见》),标志着新医改的开始。然而,新医改之后仍出现了众多"八毛门"的医患冲突事件,引起社会各界的广泛关注。可以说,2010 年是新医改生效的第一个完整起始参考年。此外,本文于 2021 年开始进行,故以 2020 年为截止年。

3. 数据搜集与编码

考虑到样本选取的严谨性,本文使用人民日报图文数据库(1946—2021 年)查找所有《人民日报》中的相关新闻报道,并以该报的网络版存档索引来查找并获取相应的全文。同时,搜索财新网(*https://china.caixin.com/*)上的相关新闻报道。搜索全文时,本文使用关键词"医患关系",从所搜索到的报道总体(合计 1 039 篇)中,删去了那些只是提到关键词却与主题无关的报道,最终得到有效样本。结果总共得到 740 篇"医患关系"报道,其中《人民日报》有 444 篇,财新网有 296 篇,构成研究时段内相关报道的目标总体。

本文主要采用内容分析的研究方法,并与框架分析相结合。霍利·A. 塞梅科(Holli A. Semetko)和帕蒂·M. 法尔肯伯格(Patti M. Valkenburg)提出将通用型新闻框架分为五类:责任归因框架(attribution of responsibility frame)、冲突框架(conflict frame)、人际/人情味框架(human interest frame),经济结果框架(economic consequences frame)、道德框架(morality frame)[30](见表 1)。

表 1 通用型新闻框架

责任归因框架	文章是否暗示了政府/医院的某个层面对这个问题负有责任?
冲突框架	文章是否反映了个人/团体之间的分歧?
人际/人情味框架	文章是否强调了个人和群体如何受到问题/难题的影响,以吸引读者关注?
经济后果框架	是否提到现在或将来的财务损失或收益?
道德框架	文章是否包含任何道德信息/阐述?

通过阅读相关文献对新闻报道类目构建的说明,类目构建应当遵循互斥性、有限性与可信性三大原则。基于这些原则以及对样本进行初步通读后,本文确定的类目划分包括:报道时间、消息来源、报道取向、报道性质、医患关系程度、传播基调、媒介框架类型,共 7 个变量。

4. 编者间信度

在完成医患关系报道编码表与编码指南的撰写后,本文分别邀请了两位传播学专业的在读学生在进行一定培训后根据编码表和编码指南进行了独立编码。两名编码员共同对样本的前 10%进行了编码以进行信度测试,并使用加权 Kappa 进行信度检验。检验结果显示,$P<0.01$ 且 Kappa 值为 0.74,具有较强一致性。可见,本文编码表信度良好(见表 2)。

表2　Kappa系数结果表格

名称	Kappa值	标准误（假定原假设）	z值	P值	标准误	95% CI
编码者1与编码者2	0.74	0.11	6.54	0.00**	0.08	0.58～0.89

注：* $P<0.05$，** $P<0.01$。

三、研究发现

本文使用SPSS 25.0对编码结果进行统计与处理。数据显示，2010—2020年间官方媒体《人民日报》对医患关系的新闻报道数量始终大于商业媒体财新网。2012—2014年间医患关系新闻报道量明显增加，且官方媒体《人民日报》和商业媒体财新网均呈现类似趋势。

1. 官方媒体与商业媒体的显著差异性

政府/官方和医疗工作者是官方媒体《人民日报》最主要的消息来源，分别为197篇（44.37%）和190篇（42.79%）文章采用这两者作为信息源（见表3）。相比之下，商业媒体财新网更多地采用专家学者作为信息源，共有157篇（53.04%）文章如此。卡方检验表明，官方媒体和商业媒体的医患关系报道在消息来源的引用方面存在显著差异（$\chi^2=83.41$，$P<0.001$）。

表3　医患关系报道消息来源与报道来源交叉表

消息来源类目	报道来源		汇总（$n=740$）
	《人民日报》（$n=444$）	财新网（$n=296$）	
政府/官方	197（44.37%）	98（33.11%）	295（39.86%）
医疗机构	135（30.41%）	60（20.27%）	195（26.35%）
医疗工作者	190（42.79%）	88（29.73%）	278（37.57%）
患者及家属	124（27.93%）	45（15.20%）	169（22.84%）
新闻媒体	115（25.90%）	68（22.97%）	183（24.73%）
专家学者	128（28.83%）	157（53.04%）	285（38.51%）
普通民众	62（13.96%）	12（4.05%）	74（10.00%）
其他	40（9.01%）	50（16.89%）	90（12.16%）

在报道取向上，2010—2020年间《人民日报》的医患关系报道中，医患冲突问题报道有61篇（13.74%），医患关系建设报道有381篇（85.81%），医患关系建设报道在整体中占比远高于医疗纠纷报道。同期，财新网的医患冲突问题报道与医患关系建设报道分别有98篇（33.11%）与189篇（63.85%）。卡方检验表明，官方媒体和商业媒体的医患关系报道在报道取向方面存在显著差异（$\chi^2=83.41$，$df=2$，$P<0.001$）。

相较于商业媒体财新网对观点性报道的侧重（156篇，52.70%），官方媒体《人民日报》

更注重事实性报道和政策性报道的呈现,分别为149篇(33.56%)和78篇(17.57%)。卡方检验表明,不同媒体的医患关系报道在报道性质上存在显著差异($\chi^2=13.06$,$df=3$,$P<0.01$)。

新医改后,《人民日报》中医患关系为和谐的报道占比为31.31%,共139篇;而财新网中同类报道仅18篇(6.08%)。官方媒体和商业媒体的医患关系报道中,医患关系一般或紧张的报道占据了更多的比重,分别为《人民日报》214篇(48.2%)和财新网221篇(74.66%)。卡方检验表明,不同报道来源的医患关系报道在医患关系程度上存在显著差异($\chi^2=94.874$,$df=3$,$P<0.001$)。

此外,不同报道来源的医患关系报道在传播基调上亦存在显著差异($\chi^2=103.586$,$df=3$,$P<0.001$)。《人民日报》中传播基调正面的报道达217篇(48.87%),而财新网中仅50篇(16.89%)。与之相对的是,财新网医患关系报道中38.85%的报道传播基调为负面,而在《人民日报》中,这个数字仅为13.29%。

以上汇总如表4所示。

表4 报道来源与卡方检验显著性变量的交叉表

变量名称	具体类目	报道来源		总计
		《人民日报》	财新网	
报道取向	医患冲突问题报道	61(13.74%)	98(33.11%)	159(21.49%)
	医患关系建设报道	381(85.81%)	189(63.85%)	570(77.03%)
	其他	2(0.45%)	9(3.04%)	11(1.49%)
报道性质	事实性报道	149(33.56%)	74(25.00%)	223(30.14%)
	观点性报道	205(46.17%)	156(52.70%)	361(48.78%)
	政策性报道	78(17.57%)	46(15.54%)	124(16.76%)
	其他	12(2.70%)	20(6.76%)	32(4.32%)
医患关系程度	和谐	139(31.31%)	18(6.08%)	157(21.22%)
	一般	46(10.36%)	15(5.07%)	61(8.24%)
	紧张	168(37.84%)	206(69.59%)	374(50.54%)
	未涉及	91(20.50%)	57(19.26%)	148(20.00%)
传播基调	正面	217(48.87%)	50(16.89%)	267(36.08%)
	中立	87(19.59%)	57(19.26%)	144(19.46%)
	负面	59(13.29%)	115(38.85%)	174(23.51%)
	未表明态度	81(18.24%)	74(25.00%)	155(20.95%)

2. 新闻框架建构与相关变量的卡方交叉

本文发现官方媒体和商业媒体在新闻框架的使用上也存在显著差异($\chi^2=27.28$,$df=$

5，$P<0.001$)。财新网使用冲突框架对医患关系新闻进行框架化处理的比重为 68.00%，而《人民日报》则更多地使用道德框架(71.32%)。除此之外，《人民日报》更偏向使用人际/人情味框架(64.10%)和责任归因框架(58.33%)；而财新网的相关报道则以经济后果框架(47.62%)和责任归因框架(41.67%)居多(见表 5)。

表 5　医患关系报道新闻框架与报道来源交叉表

变量名称	具体类目	新闻框架					其他	总计
		责任归因框架	冲突框架	人际/人情味框架	经济后果框架	道德框架		
报道来源	《人民日报》	182 (58.33%)	16 (32.00%)	75 (64.10%)	33 (52.38%)	97 (71.32%)	41 (66.13%)	444 (60.00%)
	财新网	130 (41.67%)	34 (68.00%)	42 (35.90%)	30 (47.62%)	39 (28.68%)	21 (33.87%)	296 (40.00%)
总计		312	50	117	63	136	62	740

在报道取向上，不难发现，医患关系建设报道更多地被责任归因框架(74.68%)、人际/人情味框架(94.02%)、经济后果框架(88.89%)和道德框架(80.88%)建构，仅有冲突框架多用于医患冲突问题报道，为 36 篇(72.00%)。卡方检验表明，医患关系报道的新闻框架在报道取向方面存在显著差异($\chi^2=113.31$，$df=10$，$P<0.001$)(见表 6)。

表 6　医患关系报道新闻框架与报道取向交叉表

变量名称	具体类目	新闻框架					其他	总计
		责任归因框架	冲突框架	人际/人情味框架	经济后果框架	道德框架		
报道取向	医患冲突问题报道	76 (24.36%)	36 (72.00%)	6 (5.13%)	6 (9.52%)	25 (18.38%)	10 (16.13%)	159 (21.49%)
	医患关系建设报道	233 (74.68%)	12 (24.00%)	110 (94.02%)	56 (88.89%)	110 (80.88%)	49 (79.03%)	570 (77.03%)
	其他	3 (0.96%)	2 (4.00%)	1 (0.85%)	1 (1.59%)	1 (0.74%)	3 (4.84%)	11 (1.49%)
总计		312	50	117	63	136	62	740

表 7 展示了医患关系报道新闻框架与报道性质的卡方交叉。责任归因框架(56.41%)和道德框架(55.88%)被更多地应用于观点性报道；事实性报道多被冲突框架(54.00%)、人际/人情味框架(50.43%)建构；政策性报道则未见与某一新闻框架有较为显著的联系。卡方检验表明，医患关系报道的新闻框架在报道性质方面存在显著差异($\chi^2=132.56$，$df=15$，$P<0.001$)。

表7　医患关系报道新闻框架与报道性质交叉表

变量名称	具体类目	新闻框架					其他	总计
		责任归因框架	冲突框架	人际/人情味框架	经济后果框架	道德框架		
报道性质	事实性报道	42 (13.46%)	27 (54.00%)	59 (50.43%)	25 (39.68%)	45 (33.09%)	25 (40.32%)	223 (30.14%)
	观点性报道	176 (56.41%)	18 (36.00%)	47 (40.17%)	25 (39.68%)	76 (55.88%)	19 (30.65%)	361 (48.78%)
	政策性报道	88 (28.21%)	2 (4.00%)	6 (5.13%)	8 (12.70%)	7 (5.15%)	13 (20.97%)	124 (16.76%)
	其他	6 (1.92%)	3 (6.00%)	5 (4.27%)	5 (7.94%)	8 (5.88%)	5 (8.06%)	32 (4.32%)
总计		312	50	117	63	136	62	740

表8中,医患关系紧张的报道在呈现责任归因框架(63.78%)和冲突框架(88.00%)方面显得尤为突出。经济后果框架也常运用于医患关系紧张的报道中,为26篇(41.27%)。虽然医患关系紧张的报道也多使用道德框架(36.76%),但医患关系和谐的报道对道德框架(38.97%)和人际/人情味框架(44.44%)的运用则会更多。卡方检验表明,医患关系报道的新闻框架在医患关系程度方面存在显著差异($\chi^2=156.534, df=15, P<0.001$)。

表8　医患关系报道新闻框架与医患关系程度交叉表

变量名称	具体类目	新闻框架					其他	总计
		责任归因框架	冲突框架	人际/人情味框架	经济后果框架	道德框架		
医患关系程度	和谐	24 (7.69%)	1 (2.00%)	52 (44.44%)	13 (20.63%)	53 (38.97%)	14 (22.58%)	157 (21.22%)
	一般	19 (6.09%)	2 (4.00%)	15 (12.82%)	8 (12.70%)	13 (9.56%)	4 (6.45%)	61 (8.24%)
	紧张	199 (63.78%)	44 (88.00%)	33 (28.21%)	26 (41.27%)	50 (36.76%)	22 (35.48%)	374 (50.54%)
	未涉及	70 (22.44%)	3 (6.00%)	17 (14.53%)	16 (25.40%)	20 (14.71%)	22 (35.48%)	148 (20.00%)
总计		312	50	117	63	136	62	740

正如表9所显示的,当医患报道传播基调为正面时,媒体多使用人际/人情味框架(64.10%)和道德框架(52.94%)。经济后果框架则在正面(41.27%)和中立(31.75%)报道中均多有呈现。与此同时,冲突框架的建构则与负面的传播基调息息相关(52.00%)。责任归因框架在正面、中立、负面与未表明态度四种基调中出现频次的差异并不明显。

表9 医患关系报道新闻框架与传播基调交叉表

变量名称	具体类目	新闻框架					其他	总计
		责任归因框架	冲突框架	人际/人情味框架	经济后果框架	道德框架		
传播基调	正面	62 (19.87%)	2 (4.00%)	75 (64.10%)	26 (41.27%)	72 (52.94%)	30 (48.39%)	267 (36.08%)
	中立	66 (21.15%)	8 (16.00%)	21 (17.95%)	20 (31.75%)	16 (11.76%)	13 (20.97%)	144 (19.46%)
	负面	83 (26.60%)	26 (52.00%)	14 (11.97%)	10 (15.87%)	33 (24.26%)	8 (12.90%)	174 (23.51%)
	未表明态度	101 (32.37%)	14 (28.00%)	7(5.98%)	7 (11.11%)	15 (11.03%)	11 (17.74%)	155 (20.95%)
总计		312	50	117	63	136	62	740

四、结论与讨论

新医改后，中国的医患关系问题仍然十分突出，连续多年作为两会政府工作报告强调的重要卫生工作备受热议。自2012年哈医大弑医事件发生以来，我国新闻报道中的伤医事件便有近三百起。时至2020年，国际顶尖医学杂志《柳叶刀》发文呼吁保护中国医生[31]。暴力伤医事件的背后，一方面是20世纪80年代以来，将医疗行为视为商品服务的消费观念不断发展；另一方面则是“以药养医”等制度性问题造成的医疗费用增长等利益冲突的现实表现。患方期望医生仍保有“仁医”的道德水准，同时也向往更高效、更完备的医疗技术和优质服务，但他们自身也存在对医学科学发展现状认识不足等科学素养问题。与此同时，即使相关部门已想方设法开始逐渐扭转“以药养医”，努力开展“分级诊疗”和“多点执业”等试点，但医方由于医科学习的长时间投入和高成本，对相应回报的要求仍未获得充分满足。

基于官方媒体与商业媒体的视角，不难发现两者均反映了2012—2014年医患关系新闻报道量明显多于其他时间的态势。根据报道内容分析，该态势或与2012年哈医大弑医事件后伤医事件重新出现在公众视野有关，且仅在2014年1年间就出现了8起重大暴力伤医杀医事件。虽然官方媒体与商业媒体都更强调医患关系建设这一社会信任议题施加了更大的关切。同时，在使用新闻框架对医患关系报道进行阐释的过程中，责任归因框架成为主流媒体着重用于医患关系新闻报道的框架类型。责任归因，特别是主要将责任归于政府/官方，更是凸显了政治文化和背景对新闻中问题和主题框架的重要性和潜在影响[32]。在中国社会中，基于传统历史的承袭和观念形态中的“草民意识”，民众期望政府/官方为社会问题提供答案。同时，从本文对官方媒体与商业媒体分而视之的研究视角出发，能与既往研究互为验证的是，《人民日报》对责任归因框架的使用占据了近六成的医患关系报道，而财新网则仅有四成左右[33-34]。当然,这与两者报道性质上的差异也存在着一定联系:官方媒体在事实性报道与政策性报道领域的占比均超过商业媒体,而商业媒体中过半报道均为以评议为主的观点性报道。另外,官方媒体在描述医患关系程度时较商业媒体更多地表现和谐关系,且在传播基调上也更倾向于正面。这些特点无不反映了官方媒体在舆论引导功能上更倾向于缓解医患关系。

当聚焦于主流媒体新闻框架建构时,本文发现:在讨论医患冲突问题时,冲突框架被视为主要的阐释工具;而在探讨医患关系建设其他问题时,媒体更强调责任归因,或是试图为读者厘清医患关系背后的经济后果。也有众多报道强调了对医患双方,特别是医方的道德评价,其中尤以官方媒体为甚。既往新闻框架研究也呈现了类似发现,即尽管媒体力图呈现更为客观的新闻事实,但仍受到其所有权与所依托的政治制度的影响[35]。

我们可以发现,官方媒体通过对报道的框架化呈现从而干预医患关系这一重要社会关系的行为,主要引导和约束的对象为医方群体,即通过出台各种限制性政策和法律,强调保护医方权益,进而达到间接约束患方的医闹、伤医等行为。此外,以道德框架为主题的拟态建构,强化了道德因素在医患关系中的重要地位,将医方塑造为"悬壶济世"的形象,以期达到规范医护群体行为的目的。官方媒体的这一报道倾向不仅基于我国的社会政治制度,更有赖于传统文化对"医"的高道德标准。然而,仅通过道德评判或是通过保护医方而间接约束患方,无疑是对当前医患矛盾的解决方案强调"降低诉求"而非"疏解冲突"的写实展现。实际上,对责任归因框架的偏爱一定程度上展现了我国主流媒体已开始关心医患双方各自应承担什么责任,而非单纯关注医患矛盾所引发的社会后果。仍被广泛使用的冲突框架一方面强调双方的对立倾向,另一方面却压制了医患双方的应有权利,对于冲突的解决只带来了高频低效的安抚。在新闻报道中进一步厘清双方的社会角色和应有行为,促进矛盾转化,或许才是主流媒体在参与医患话题时未来前进的方向。

参考文献

[1] 叶俊.我国基本医疗卫生制度改革研究[D].苏州:苏州大学,2016.

[2] Parsons T. The social system [M]. London: Routledge, 2013.

[3] Becker H S. Labelling theory reconsidered [M]//Rock P, McIntosh M. Deviance and social control. London: Tavistock, 1974:41 - 66.

[4] Szasz T S, Hollender M H. A contribution to the philosophy of medicine: the basic models of the doctor-patient relationship [J]. AMA archives of internal medicine, 1956,97(5):585 - 592.

[5] Hayes-Bautista D E. Modifying the treatment: patient compliance, patient control and medical care [J]. Social science & medicine (1967),1976,10(5):233 - 238.

[6] Stavropoulou C. Non-adherence to medication and doctor-patient relationship: evidence from a European survey [J]. Patient education and counseling, 2011,83(1):7 - 13.

[7] 王小玲.医患冲突中法律问题的伦理学透视[J].中国医学伦理学,1996(6):14 - 15.

[8] 胡晓翔.二论国家主体医疗卫生事业中的医患关系的法律属性:驳"医患关系是合同契约关系"的观点[J].中国卫生事业管理,1996(11):590 - 592.

[9] 赵西巨.我国医患关系危机干预:基准、异化与矫正[J].中国卫生法制,2021,29(2):1 - 6.

[10] 熊理思，李鹏. 医患关系的法律调整路径选择：以医患纠纷适用消费者权益保护法的非正当性为视角[J]. 人民司法，2014(5)：75 - 77.
[11] 刘德福，张清娥. 试论医患诊疗关系内涵及其复合性质：对医疗服务合同说的质疑[J]. 收藏，2014(6)：115 - 118.
[12] 赵西巨. 我国医患关系危机干预：基准、异化与矫正[J]. 中国卫生法制，2021，29(2)：1 - 6.
[13] Rachul C M, Ries N M, Caulfield T. Canadian newspaper coverage of the A/H1N1 vaccine program [J]. Canadian journal of public health, 2011,102(3):200 - 203.
[14] Prosser H. Marvelous medicines and dangerous drugs: the representation of prescription medicine in the UK newsprint media [J]. Public understanding of science, 2010,19(1):52 - 69.
[15] 郭小平. 医患要沟通媒体要引导：医患纠纷报道的误区及其对策[J]. 声屏世界，2002(11)：11 - 13.
[16] 沈荣林，姚健，王国平. 医疗纠纷媒体报道的负面效应与对策[J]. 医院管理论坛，2006(2)：45 - 47.
[17] 王俊荣，崔爽爽. 基于我国医患关系报道的审视与反思[J]. 当代传播，2015(3)：109 - 110.
[18] 蒋廷玉. 和谐医患关系中的媒体作为[J]. 中国记者，2006(12)：34 - 35.
[19] 刘岱淞. 主流媒体对医生形象的建构研究[D]. 上海：复旦大学，2010.
[20] 陈娟，李金旭. 作为冲突的调节者：《人民日报》(1978—2018)医患报道的内容分析[J]. 现代传播(中国传媒大学学报)，2020，42(12)：74 - 79.
[21] Sun J, Liu S, Liu Q, et al. Impact of adverse media reporting on public perceptions of the doctor-patient relationship in China: an analysis with propensity score matching method [J/OL]. BMJ open, 2018,8(8):e022455. doi:10. 1136/bmjopen - 2018 - 022455.
[22] 主流媒体如何增强舆论引导有效性和影响力之一：主流媒体判断标准和基本评价[J]. 中国记者，2004(1)：20 - 21.
[23] 李希光，郭晓科. 主流媒体的国际传播力及提升路径[J]. 重庆社会科学，2012(8)：5 - 12.
[24] 强月新，夏忠敏. 当前我国主流媒体影响力的调研与分析[J]. 新闻记者，2016(11)：35 - 43.
[25] Wang H, Sparks C, Huang Y. Measuring differences in the Chinese press: a study of People's Daily and Southern Metropolitan Daily [J]. Global Media and China, 2018,3(3):125 - 140.
[26] Sparks C, Wang H, Huang Y, et al. The impact of digital media on newspapers: comparing responses in China and the United States [J]. Global media and China, 2016,1(3):186 - 207.
[27] 王晗啸，王姗姗，李凤春. 灾害性事件中政务微博与媒体议程互动关系研究[J]. 情报科学，2020，38(7)：140 - 146.
[28] 丁晓芬. 新媒体环境下《人民日报》和《新京报》灾难报道的框架比较分析[D]. 杭州：浙江传媒学院，2017.
[29] 臧敏. 网络媒体对"8・12 天津港爆炸"事件报道的新闻框架分析[D]. 武汉：华中师范大学，2018.
[30] Semetko H A, Valkenburg P M. Framing European politics: a content analysis of press and television news [J]. Journal of communication, 2000,50(2):93 - 109.
[31] The Lancet. Protecting Chinese doctors [J]. Editorial, 2020,395(10218):90.
[32] Semetko H A, Valkenburg P M. Framing European politics: a content analysis of press and television news [J]. Journal of communication, 2000,50(2):93 - 109.
[33] McLeod D M, Kosicki G M, McLeod J M. Resurveying the boundaries of political communication effects [M]//Bryant J, Zilmann D. Media effects: advances in theory and research. Mahwah: Lawrence Erlbaum Associates Inc. Publishers, 1994:215 - 267.

[34] Semetko H A，Valkenburg P M. Framing European politics：a content analysis of press and television news [J]. Journal of communication，2000，50(2)：93－109.
[35] Adegbola O，Gearhart S，Cho J. Reporting bias in coverage of Iran protests by global news agencies [J]. The international journal of press/politics，2020，27(1)：138－157.

用户正在关闭算法推荐吗

——抖音短视频青年用户的算法解码研究

秦建茹[①]

【摘　要】 短视频推荐算法具备筛选、分类、推送、采集用户个人数据等多种特殊权力,它通过不间断的算法"投喂"与"试错"来探测用户偏好,并决定用户短视频界面的内容呈现,从而取代了传统媒体中的把关人角色。抖音短视频的出现进一步凸显了算法在参与式媒体平台中的主导地位。本文以抖音短视频的青年用户为例,结合斯图亚特·霍尔的"编码—解码"理论框架,采取深度访谈法探究用户在多大程度上感知由推荐算法技术带来的影响,以及面对短视频推荐算法技术的态度及行为。研究发现,青年用户虽然不能精准描述短视频算法逻辑,但是能够基于自身认知揣测算法推荐的窍门,并采取主导、协商、抵抗和漠不关心等立场来解读短视频算法。算法代理有遮蔽个人对抗结构的可能性,一旦认同算法具备代理权力并独立于人类的代理权,就有可能陷入数据拜物主义与自动化拜物主义。通过对微观层面用户的算法解码立场的调研,进一步思考算法对媒介实践的影响,以期采用更有希望的方法来管理算法权力在日常生活中的体现。

【关键词】 算法推荐;算法感知;算法想象;解码理论;算法抵抗

随着平台媒体成为人们获取信息的主要方式,算法应用开始登上历史舞台并扮演越来越重要的角色。算法已从纯粹的技术工具渐渐演变为传播常态,并形成了一种特殊的文化形式。推荐算法嵌入短视频平台的正常运作离不开算法代理。实际上,短视频的推荐算法在当下具有一定代理权,用户的算法感知与该推荐算法的运行逻辑及算法代理互为影响。因此,我们有必要探究用户如何看待、如何应对隐匿在平台背后的算法。

具体而言,本文站在算法代理的另一面,即通过分析用户的算法感知来尝试从用户视角对"用户与算法相遇"的情况进行概念化表述,并结合青年用户的算法想象与算法体验进行评估,以拓展算法传播的用户研究视野。

---

① 苏州大学传媒学院硕士研究生。

一、问题的提出

国家网信办等四部门联合发布的《互联网信息服务算法推荐管理规定》于2022年3月1日起正式施行,该规定进一步强调与明确了算法推荐服务提供者的主体责任。然而,《中国大安全感知报告(2021)》显示,有七成受访者感到算法能获取自己的喜好、兴趣从而“算计”自己,近五成受访者表示因算法束缚而想要逃离网络、远离手机。《算法应用的用户感知调查与分析报告(2021)》显示,超过八成的受访者认为企业利用算法进行人为信息扭曲(比如操纵榜单、流量造假、信息屏蔽)的情况很多或比较多。

随着各大平台“一键关闭”算法推荐功能的上线,用户在日常的媒介实践过程中对界面背后的算法推荐的感知情况如何?算法传播时代已经到来,在长期“理所应当”的算法“喂养”过程中,部分用户已经感知到由算法代理带来的各种体验以及影响,在享受算法带来的个性化、高效信息供给的同时,也感受到了诸如信息视野受限、隐私泄露、被操纵感等问题,部分用户开始产生关闭“算法推荐”按钮的想法。这些问题体现了用户对算法解码的多元立场。本文正是基于算法传播视域,以抖音这一短视频平台为例,探究用户在哪些具体的情境下、在多大程度上、如何感知到推荐算法技术带来的影响,以及他们对短视频推荐算法技术采取的解码态度及行为。

二、研究综述

1. 算法及解码

算法绝非仅是一种技术。基于传播领域对算法的解读至少有六类不同的视角和界定[1]:算法是工具[1]、算法是规则、算法是权力[2]、算法是主体[3]、算法是想象[4]以及算法是价值观[5]。算法作为人的关系的集合,以及关系存有和展开的坐标,将成为人们感知和体验外部世界的集大成“中介”,因此,算法同样也是媒介[6]。由此可见,关于“算法为何”的讨论仍在发展中。本文所探究的短视频用户的算法感知,并非仅限于“算法是技术工具”的视野,而是基于传播学视域下算法的多义性进行考察。

关于“编码—解码”理论,斯图亚特·霍尔(Stuart Hall)在1973年发表的《电视话语的编码与解码》中运用符码来研究媒介传播过程中的一些文化现象与问题。在大众传播时代,受众对电视文本的解读立场是基于媒体文本本身以及符号学相关内容的分析。霍尔在解码环节提出了三个假想的地位来建构电视话语的解码过程:主导—霸权的地位、协商的符码或地位以及对抗的符码或者地位[7]345。在智能传播背景下,解码理论仍具有生命力。阿德里安·肖(Adrienne Shaw)[8]在数字媒体背景下结合霍尔的编码—解码模型和可供性理论,表明用户与特定数字媒体的互动模式反映了技术可供性的不同“使用位置”——偏好、协商和对立使用。换句话说,解码反映在用户与媒体的互动实践中;它可以被视为一种交际代理的形式。丹麦哥本哈根大学的斯汀·隆伯格(Stine Lomborg)、帕特里克·海伯格·卡普施(Patrick Heiberg Kapsch)提出“解码算法”概念，将其视为传播理论中的重要策略，用以探究人们如何认识和理解算法，以及他们对日常媒体使用中的算法工作的评价和反应[9]。在移动或者社交媒体时代，平台短视频实则由新媒体的语言构成。有学者基于符号学分析新媒体，指出新媒体的新维度——交互性、交互界面、数据库组织、空间导航等，人机交互界面已经成为信息社会重要的符号学符码和元工具。

将短视频推荐算法技术等同于大众传播时代的电视文本信息并不合理，算法实际上是不可见的、隐匿于交互界面(新媒体的语言)的非人行动者。但是，解码理论能够运用于用户与短视频算法推荐的互动，是由于它强调了沟通中的一个特征：在任何沟通变得有意义之前，必须通过解释过程，运用符号学和社会文化知识来填补空白。

2. 算法解码：基于算法认知与算法体验的理论梳理

有关用户对算法解码的研究，即人们如何认识和理解算法，以及他们对日常媒体使用算法的评价和反应，众多学者从不同角度切入开展系列实证分析，并将用户面对算法之后的具体操作进行概念化表述，形成“算法想象”“算法体验”等研究。

1) 算法解码的认知前提——算法想象

泰娜·布赫(Taina Bucher)指出，算法想象，即用户思考算法是什么，应该是什么，以及它们如何运作的方式[4]。算法想象的提出基于人与算法相遇的各种情况和空间背景，探讨在什么情况下人们会意识到算法。算法的隐藏性和不可见性使得用户忽视自身体验和理解。然而，对算法的了解会在一定程度上影响用户对平台的使用，因此，我们需要思考当下短视频用户的算法想象。

诸多学者在数字媒体传播过程中将“算法想象”作为一个关键词，拓展以用户为中心的研究。乔尔·斯沃特(Joëlle Swart)的经验方法表明，用户通过生活体验、社交媒体的日常使用，以及对数据和隐私丑闻的报道，建立了对算法的感知意识，并创造了关于算法如何运行的民间理论[10]。国内的方师师基于“算法想象”概念提出“治理想象”观点，重点从管理导向、场景适用、记录铭刻三个层面就如何想象与算法进行互动的问题做出了解读[11]。皇甫博媛从可供性视角理解用户与算法的互动，基于想象可供性理论提出一个算法可供性的分析框架，指出物质性、中介体验和情感态度构成了“算法想象”的核心元素[12]。王茜、李慧娟以微博“热搜”为例，系统探究了社会化媒体的算法想象，考察了用户想象、认知和经验社会化媒体算法的方式，对“媒体实际采用什么样的算法”和“用户想要什么样的算法”两者关系进行了对策思考[13]。在梳理“算法想象”文献的过程中，诸多学者强调了这样一个观点——用户与算法的交互使得用户对技术的未来想象是一种编码，从中可以解读出个人对生活和社会的基本价值判断。用户如何解读抖音平台上的短视频算法推荐技术，是一个意义制作过程。

2) 算法解码的深度解读——算法体验

围绕用户接触算法之后的问题开展进一步探讨，就涉及算法体验问题。诸多国外学者关注到了算法体验问题，即将算法定义为“体验技术”的概念，它询问了年轻的新闻用户在社交媒体上对算法管理的感知、感受和行为，以及在什么情况下这些体验有助于他们对算法的理解[14]。韩国中央大学申东熙就用户如何与算法推荐资讯平台互动开展研究,通过实证研究合理地推断用户通过调用认知过程,成为算法的驱动力和算法推荐资讯系统的创造者,用户通过算法所看到的,就他们的认知而言,是一个认知构建的现实,它模拟了由先验的心理结构所塑造的积累经验的形式。也有学者进一步考察了用户通过日常使用社交媒体建立的认知知识和策略,这种体验的焦点包括不同的认知方式[10]。还有学者强调了"故事"在日常生活中想象和交互算法过程中所起的作用,"关于算法的故事"将被广义地理论化为普通用户彼此分享他们的算法生活经验的方式[15]。用户与算法如何交互涉及算法体验问题,用户对算法的解码在算法体验之后,本文也将结合用户的短视频算法体验进一步解读用户算法解码立场。

三、研究方法

本文采取深度访谈法,以抖音用户为例定性研究了人们如何通过使用数字媒体来了解、感受和评估短视频背后看不见的推荐算法。据社交媒体管理平台科握公司(KAWO)的《2022 中国社交媒体营销终极指南》显示,截至 2021 年 9 月,抖音短视频的月活跃用户是 7.19 亿,其中 25～34 岁人群占比最大,达 39%。因此,在深度访谈过程中,重点选择 25～34 岁使用抖音的用户进行访谈。访谈分为两个阶段,受访信息如表 1 所示。第一阶段访谈 13 位普通抖音用户;第二阶段访谈 6 位同为抖音用户的内容发布者、内容审核员和相关算法从业者。青年用户是抖音短视频的主体人群,本文所探究的正是"网络原住民"在多大程度上以及如何解码短视频背后的算法技术,分析熟练"游走"于各大算法推荐平台的他们,正在以怎样的态度与算法交互。

表 1　受访者信息

编码	性别	年龄	省份	职业
A1	女	27	山东	会计
A2	女	29	北京	人力资源管理人员
A3	男	26	河北	医生
A4	女	21	湖北	学生(硕士在读)
A5	女	22	山西	售货员
A6	女	25	上海	文案策划者
A7	男	27	河北	理发师
A8	女	32	山西	待业
A9	男	28	江苏	教师
A10	男	25	江苏	自由职业

续 表

编码	性别	年龄	省份	职业
A11	女	23	重庆	待业
A12	男	26	江苏	学生(博士在读)
A13	男	25	湖北	大数据研发工程师
B1	女	27	重庆	探店博主
B2	女	25	福建	直播助理
B3	男	25	湖北	大数据标记员
B4	男	25	北京	抖音内容审核员
B5	男	30	辽宁	算法工程师
B6	女	27	广东	新媒体运营者

首先,询问受访者的短视频媒介使用习惯,来了解其短视频媒体的整体使用情况,包括使用的时长、频率、关注内容类型等。其次,进入访谈的核心环节,先让受访者打开抖音App,询问他们为什么界面会呈现这些内容,以及对这些内容的态度偏好。同时,询问受访者是否意识到短视频背后的算法支配,以及对算法的了解程度,从而延伸至受访者对背后的推荐算法的解码立场。访谈采取线上语音方式进行,分为预访谈和正式访谈两个阶段,平均每人访谈时间为 40 分钟。

在本文中,算法解码态度指的是受访者在刷短视频过程中对背后算法的想象、感知与解读态度。算法解码态度背后隐含着受访者在日常媒介实践过程中的意义建构问题。

四、研究结果分析

通过访谈发现,受访者在应对短视频界面背后的推荐算法的解码态度分为以下四种:主导立场、协商立场、抵抗立场与漠不关心(一种无立场的立场)。普通用户通过不同立场来解码算法的态度及行为,丰富了算法研究的民间理论。

1. 短视频用户的算法解码态度分析:一项基于抖音短视频用户的调研

安德鲁·格菲尔(Andrew Goffey)关注到这样一个问题:我们可以将算法理解为影响现实世界的陈述和行动。当算法进行排序、过滤、监视、推荐时,这些行为会影响现实世界。然而,这些行动必须被理解清楚[16]。因此,用户在与推荐算法交互后,算法既影响了现实世界,也影响了用户。用户解码短视频平台算法的立场如下:

1) 主导立场:基于算法代理视角下的偏好式解读

所谓主导立场,即用户认为推荐算法是实用的、聪明的。算法的实用与聪明之处体现在能够将用户的每一次点赞、关注账号类型、界面停留时间等多重指标进行优先排序,从而筛选出最相关的信息,给予用户更多正向沟通与频次反馈。

解码往往是由传播者在可控制的范围内开展,但短视频平台的传播过程与大众传播不一样。算法本身在一定意义上成为主导者,通过编码生产主导话语结构。“我们说‘主导的’,是因为存在着一种‘被挑选出来的解读’方案:在这些解读内镌刻着制度/政治/意识形态的秩序,并使解读自身制度化[7]353。”在短视频媒介实践过程中,用户所采取的主导立场的解读实际上是算法代理下的产物。用户认为算法推荐内容是理所当然的,对其背后的算法并无过多了解,仅停留在短视频文本的考察层面,这是算法代理视角下的“技术无意识”的体现。算法代理介入短视频平台本质上是大众传播时代把关权转移的结果。算法对信息的把关与推荐决定了用户界面内容的呈现。作为非人网络行动者的算法所起到的代理作用对用户而言,是一种权力意志的体现。

A1:“你说短视频算法我还是不怎么了解的,要是说大数据收集信息再给你推送,那我就大概知道这个算法的意思了。”

A2:“我主要是从那个朋友那里了解的,他们公司是做广告相关业务的,应该会根据人们的需求给你推送合适的商品。”

大部分用户虽然对“算法”概念的认识不是特别清晰,对这一技术是如何运作以及如何对自身产生影响并没有过多考虑,但是能够将推荐算法与日常短视频的媒介体验活动相联系,通过基本的点赞、评论等交互行为让推荐算法发挥更大作用,即在算法推荐驱动下对其界面呈现内容持积极态度。

A1:“我觉得抖音算法挺好的啊,可以节省我的时间,不用自己去搜嘛,一打开都是我关注的那些博主,挺有意思的。而且我觉得算法挺聪明的,比如我喜欢美食博主,有时候一打开会推给我之前没关注过的,就这样看,真心觉得给我推的几个博主都挺好的,像是深夜食客、安秋金这些!”

A3:“我是一名医生,也会在抖音上关注和医学科普有关的视频,有时候抖音会给我推送这些,用简短的时间学习也挺好的。它还会给我推送附近同样对医学感兴趣的小伙伴的视频,有的是人家自己拍的,觉得挺有意思,就会点击关注,有时还会在评论区聊天。”

这些例子展示了用户如何从一种算法占据主导地位的视角出发,以不同的情感感受来评估基于短视频平台的推荐算法。算法体验的情感维度考虑了算法产生的情绪、影响和感觉,这也可能引发用户对算法的反思,并有助于用户理解背后的算法技术在交流过程中所产生的意义。更为重要的是,用户与算法推荐技术相遇后的态度隐含了背后的文化实践意义。例如,有的用户通过点赞、收藏、加关注来满足社交需求,通过点击算法推荐的“朋友正在看”来进行连接;更有甚者,点赞抖音短视频成为用户认识好友的一大利器,通过点赞来与同领域博主连接,并从对方点赞视频的水准来标签化地重新定义一个人,这是算法技术背后所隐含的对现实生活中人际关系的一种重新连接。

2）协商立场：算法可见性与用户自我展演的“对话”结果

协商立场是一种面对算法推荐所采取的迂回策略，用户在使用过程中虽然能够感受到算法推荐所带来的影响（正面与负面），但是能够在算法运行逻辑之内采取相关措施，通过与算法的交互最大限度地达成自己的目的。这里，用户的主观能动性十分重要。而用户对算法的协商立场可以从外部的算法可见性、内部的自我展演来解读。

（1）基于算法可见性视角与算法系统“协商”。关于霍尔所提出的协商式立场的解码，是其在引用葛兰西霸权理论时，看到了编码—解码过程中包容与控制的双向运作。“在协调的看法内解码包含着相容因素与对抗因素的混合：它认可旨在形成宏大意义（抽象的）的霸权性界定的合法性，然而，在一个更有限的、情境的（定位的）层次上，它制定自己的基本规则——依据背离规则的例外运作[7]357。”大众传播时代，用户对电视文本内容的解码所采取的协商式立场是在一定程度上认可主导者所占据的地位，但在特定情境下又可能通过对主导符码采取抵抗的态度来获取自身利益。协商的立场体现出解码者站在自身角度来与系统对抗的可能性，也体现出解码者的矛盾心理。将其与算法传播结合来分析用户对算法驱动内容的解读和立场，部分用户在面对算法推送同领域内容时会采取所谓的“协商立场”。

> A1：“比如我在抖音看德云社视频的时候，我不点赞、不收藏，就是希望它能够给我推荐更多的相关内容，我要是点赞了就老给我推这一个演员的视频，我想看到更多相声演员的视频。”
>
> B1：“我从大二就开始尝试做自媒体，现在粉丝量 5.4 万，也学过跟抖音内容运营有关的知识，现在一想，其实就是怎么让短视频火起来，让算法给你推出去。通过尝试在不同时段推送、蹭热点等来让自己视频的内容火起来，我觉得抖音算法像是有窍门一样，有时候确实能火一两个视频。”

这里可以发现用户对抖音短视频背后的算法有了一定的认知与想象，能够意识到算法基本的运作逻辑，但对于算法代理并非完全认同。短视频平台的内容供给是依托算法的“内容—用户”逻辑，算法行动的根本依据是平台管理者、算法设计者等“代言人”的价值逻辑。

（2）基于用户自我展演视角与算法系统“协商”。用户能够站在一种游移的立场来与算法“周旋”，既想要短视频算法满足自身需求，又想在短视频页面中隐藏短视频推荐算法运作的痕迹来获取自身利益。欧文·戈夫曼（Erving Goffman）认为，个人身份的维持需要依靠在不同舞台中的持续性表演，这里的“舞台”在数字时代即指向了社交媒体用户所要面对的不同“社交语境”。一旦语境发生崩溃，彼此区隔的场景发生交融、碰撞，不同场景中的“观众”重叠在一起，会给表演者带来对语境冲突的强烈感知，进而根据“交叠的语境”带来的“交融的受众”来重新确定“表演方式”——自我呈现策略[17]。而对于抖音上的用户来说，在特定情境下会出现“社交语境”坍塌风险,因而,用户想要获取某些信息,但又不想要算法捕捉其痕迹,此时会采取一种迂回的方式与算法博弈,行使“不点赞与不评论”的权利来继续让算法推荐技术来“猜”自身的需求,遏制传播内容的窄化,提升推送内容的格调。也有用户意识到点赞之后算法推荐内容所带来的伦理问题,用“收藏”的方式代替“点赞”来掩盖部分需求。

A6:“有一种情况比较特殊,看到一些颜值很高的博主,既想让它推荐又不想太明显,我发现好多小伙伴会留言‘请大数据记住我’,这个梗很有意思。”

A12:“我的页面上会出现相亲的广告,给我推荐一些相亲 App,也会出现同城很漂亮的单身女性,但是我在刷短视频的时候不太乐意让周围人看到我在看这些东西,担心别人说我随便在网上加那么多好看的小姐姐,给我贴上‘对待爱情很随便’的标签,所以我看到这些就不点赞,担心越推荐越多。”

3) 抵抗立场:多元媒介体验行为体现抵抗的可能性

与主导立场形成鲜明对比的是,抵抗立场则是以负面评价态度对算法所持有的一种立场。根据霍尔的说法,“电视观众有可能完全理解话语赋予字面和内涵意义的曲折变化,但以一种全然相反的方式去解码信息”。这表明,解码者通过自我身份的认同,在完全理解主导符码的情况下,完全反抗主导霸权的地位[1]。在用户的短视频实践过程中,当其意识到与背后算法交互带来负面影响之时,这部分用户更多采取抵抗立场来进行算法解码,这部分用户的算法意识相对较高,偏向于将算法归为“有问题的技术”,例如,算法技术的滥用会侵犯用户的隐私等。用户抵抗算法行为的产生有助于我们重新思考智能传播问题,人与看不见的技术的交互行为背后体现了用户代理的回归,是对算法“投喂”泛滥的一种重新定向。因而,用户采取抵抗立场来应对短视频推荐技术,也是在有意识地对抗主导符码的短视频实践。

第一,用户在短视频媒介实践过程中所采取的抵抗策略是限制使用时长,以此来消除算法推荐所带来的负面影响。“我感到挺羞愧的,一方面自己的工作是想方设法让更多的用户在自己的 App 中多停留,另一方面自己在使用算法推荐类 App 时更多关注自身的内容需求,一旦发现有成瘾的趋势,我就会给自己设置 App 使用时长或是直接卸载。”(B3)

第二,通过“不感兴趣”“以游客模式浏览”等方式减少算法所推送的广告含量较多的内容。“我觉得抖音的算法推荐机制就像是‘精神鸦片’,会让你上瘾,其实对我们成年人还好,因为有辨别能力,平时工作忙,最多当作放松的工具,但是对青少年就不一样了,现在那么多小孩子的梦想就是当主播、当网红,青少年很容易受抖音上一些价值观不太正确的内容影响”(A2)。“抖音老是给我推送一些相亲视频,像是一直在提示我是单身,单身也没有什么不好啊。哦,对了,还给我推送相亲的广告,我觉得这是对我的一种冒犯。”(A12)

第三,通过“随意搜索来打乱算法所贴的标签”,这是对平台算法的一种可控性管理,也是对平台算法的一次尝试性“对抗”。“我有时候会在抖音搜索栏随便搜一些有意思的内容，比如旅行、插花等，也会搜我其实不太感兴趣的财经新闻、国内外大事等，我这样做的目的是让页面丰富起来，毕竟多了解点新闻倒不是什么坏事，不至于越看内容越重复，尤其是莫名其妙火起来的一个段子出现100次。”(A12)

“算法抵抗”作为用以表征社交媒体用户对推荐算法的一种干预性数字能动实践，也是一种“逆算法实践行为”，所谓“逆算法实践行为”，即用户遵守算法逻辑，但抵制其输出，通过“欺骗”算法，纠正算法的偏见结果的一种行为。当关注用户与短视频平台背后的算法交互时，尤其看到部分用户虽然意识到算法负面影响，继而在算法运行逻辑之下采取部分抵抗行为时，这显示了部分用户有夺回用户代理权的意识。“我会在抖音搜索栏随意搜搜美食、旅行，甚至是自己不熟悉的领域，比如绘画、相声等等，我想要打乱算法对我喜好的猜测！”(B6)回到肖(Shaw)以及与数字媒体的不同交互方式反映了用户对可供性的偏好、协商和对立解码的想法，我们的研究谈到了传播理论，更具体地说是数字基础设施中的传播代理。虽然用户一旦在日常生活中被算法系统所包围，他们似乎就失去了代理权，但积极策划、隐瞒或标记信息以调整系统并增强隐私和逃避精确分析的小行为确实是对系统进行反击的颠覆性手段。这些是用户主观能力的体现——一些用户执行保护策略和试图通过与界面的交互来影响或规避算法系统，这在一定程度上是一种算法抵抗行为，这种行为背后彰显了平台社会应对“算法霸权”的可能性。

4）漠不关心：一种无立场的立场

用户在与抖音短视频算法进行交互过程中，所采取的立场还有超出三种之外的选择，即漠不关心的立场，这同样是一种态度。短视频平台就像是表演媒介，背后的算法以最大公约数的形式“形塑”了我们每一个人的界面，呈现他们所要表现的样貌，并以最保守的方式来试探用户的喜好，结合用户传递的信号来不断为用户提供内容参考。短视频的算法逻辑并不仅仅是进行资讯排序，还会介入用户与用户之间，通过将情感数据化，用户与好友的点赞、评论被算法识别，并被广告商将这一切又转化为潜在的数据。当各类存放着众多数据的平台在社会上无处不在时，也表示算法的权力日渐增加，而作为一向被视作“网络原住民”的年轻用户来说，若其将媒介背后的算法忽视，就有可能带来潜在风险。而这种对算法推荐技术漠不关心的态度可能会让用户的正当权益受到侵害，比如部分隐私的让渡。

> A7：“什么是算法抵抗啊？看到不喜欢的就划过去就可以了！我为什么要抵抗呢，我也没有那么多的时间研究抖音背后的东西，它对我来说就是消磨时间的小工具。”
>
> A10：“我没有关注过算法啊，我知道它经常给我推喜欢的，那就推就好了，本来就是我喜欢看的；当给我推送不喜欢的内容时候，我就是划一下就行了，我去思考那个算法干什么呢？”

而人们与算法交互的情境，无疑影响了他们思考、谈论和感受算法的方式。伊斯特·哈吉特(Eszter Hargittai)与爱丽丝·马威克(Alice Marwick)等人通过焦点小组访谈等方法验证“隐私悖论”的存在,指出年轻人声称在关心隐私的同时,也通过社交媒体出让了大量的个人信息。用户对网络隐私有一种冷漠或愤世嫉俗的感觉,并特别认为侵犯隐私是不可避免的[18]。与“隐私悖论”的存在相似的是,部分用户对待短视频的推荐算法持漠不关心的态度,虽然能够感受到个性化推荐算法为其带来的多重影响,但是仍旧在该算法运作逻辑下进行行动。“站在个人角度来说,因为个性化可以节省我的时间啊,我可以看更多我喜欢的东西,虽然或许没有什么营养,怎么说呢,这就像我们都知道熬夜有害健康,但还是忍不住熬夜。”(A2)而这种基于用户认知的算法解码态度所隐含的意义同样值得反思。

2. 理解用户“对抗式”的算法解码:一种探寻主体性的逆算法实践尝试

再回到一开始的问题——用户正在关闭算法推荐吗?这并非具有确证的答案。虽然部分用户已经意识到一键关闭平台算法推荐按钮的存在,但是通过调研发现,想要关闭这一按钮的用户属于少数。即便是存在于少数群体的对抗式的态度,但这背后实际体现了一种用户想要开展逆算法实践的尝试,这可为算法传播视域下人与技术良好交互提供实践层面的参考。

通过对访谈结果的分析,部分用户在短视频平台的算法抵抗行为恰恰体现了用户将自身的意识带到智能传播交流实践中。此类型的逆算法实践需依托用户来实现,这也为分析用户代理在整个算法系统中的夺回能动性提供一种思路。正如塔利顿·吉莱斯皮(Tarleton Gillespie T)所言:算法正在成为一种“控制我们所依赖的信息流的关键逻辑”。对算法的研究强调了数据化现象的编辑和可视化是如何塑造我们对世界的理解以及我们在其中的位置[19]。而部分用户能够在无休止的算法个性化投喂中寻回主体性,这同样是基于用户与算法互动视角下用户主体价值的寻回,同时也是对算法推荐“伪个性化”的一种反思。

五、结语

随着算法以匹配、调节与控制等方式塑造了事物之间的关系,并由此获取权力[20],探究用户的算法解码与算法代理的关系至关重要。用户对短视频算法的解码呈现四种立场:主导、协商、抵抗与漠不关心,不同算法解码立场背后建构着不同的媒介意义。“技术无意识”和“有意识的用户”之间的区别在这里变得相关:用户对数据流和自身控制数据流的能力了解多少?推荐算法运行的背后离不开平台激增的用户数据。平台培养了用户特定的使用风格,实际的用户与该平台的交互促使平台数据变得有价值。

用户对自身所感知的算法是真实的。通过对用户体验算法方式以及用户解码算法立场的调研,能够在一定程度上还原当下短视频算法的运作模式,从分发结果来倒推短视频推进算法是参照何种模式进行工作的,这有助于提升智能传播背景下用户的算法感知,也能够将算法权力的运作模式在一定程度上进行公开,从而思考更加深入的问题,即“算法分发和决策系统就一定是公平、高效的吗?”由此,我们须警惕更深层次的问题——算法代理背后的“自动化拜物教”等问题。“数据主义导致数字化极权主义的形成。因此,第三次启蒙运动是必要的，它让我们清楚：数字化的启蒙运动已经被奴役了[21]。”在当下深度媒介化背景下，为了参与社会、政治、文化和公民生活，普通用户需要了解他们的数据发生了什么，他们的数据是如何被技术，尤其是算法技术作用于平台上并对其产生影响的。用户也需要思考数据驱动的操作以及算法推荐运作的逻辑对媒介真实的实际影响方式。因而，关注用户与平台背后看不见的算法的交互行为的解码立场是有价值且必要的。这能够基于用户视角对算法传播进行反思，也有助于在智能传播背景下重新思考同样作为行动者的算法技术对用户的影响，通过用户的反馈来倒逼该算法系统释放更大的人文价值。

参考文献

[1] 师文，陈昌凤，吕宇翔. 逻辑、发现与局限：近五年来智媒研究的六种算法话语[J]. 编辑之友，2022(4)：82－89.

[2] 彭兰. 生存、认知、关系：算法将如何改变我们[J]. 新闻界，2021(3)：45－53.

[3] 徐笛. 算法实践中的多义与转义：以新闻推荐算法为例[J]. 新闻大学，2019(12)：39－49.

[4] Bucher T. The algorithmic imaginary：exploring the ordinary affects of Facebook algorithms [J]. Information，communication & society，2017(20)：30－44.

[5] 师文，陈昌凤. 分布与互动模式：社交机器人操纵 Twitter 的中国议题研究[J]. 国际新闻界，2020(5)：61－80.

[6] 喻国明. 算法即媒介：如何读解这一未来传播的关键命题[J]. 传媒观察，2022(4)：29－32.

[7] 罗钢，刘象愚. 文化研究读本[M]. 北京：中国社会科学出版社，2000.

[8] Shaw A. Encoding and decoding affordances：Stuart Hall and interactive media technologies [J]. Media，culture & society，2017(39)：592－602.

[9] Lomborg S，Kapsch P H. Decoding algorithms [J]. Media，culture & society，2019，42(5) 1－17.

[10] Swart J. Experiencing algorithms：how young people understand，feel about，and engage with algorithmic news selection on social media [J]. Social media + society，2021，7(2)：05630512110088.

[11] 方师师. 算法推荐管理规定中的政策矩阵与互动想象[J]. 青年记者，2021(19)：81－82.

[12] 皇甫博媛. “算法崩溃”时分：从可供性视角理解用户与算法的互动[J]. 新闻记者，2021(4)：55－64.

[13] 王茜，李慧娟. 社会化媒体的算法想象研究：以微博“热搜”为例[J]. 文化与传播，2020(9)：88－92.

[14] Cotter K，Reisdorf B. Algorithmic knowledge gaps：a new horizon of (digital) inequality [J]. International journal of communication，2020(14)：745－765.

[15] Schellewald A. Theorizing “stories about algorithms” as a mechanism in the formation and maintenance of algorithmic imaginaries [J]. Social media+society，2022(1)：77－103.

[16] Goffey A. Algorithm[M]//Fuller M. Software studies：a lexicon [M]. Cambridge：MIT Press，2008：15－20.

[17] 吕行，金忻淳. “何人可见”与“何时可见”：双重语境崩溃下社交媒体用户的自我呈现管理：一项对于微信朋友圈可见性控制的考察[J]. 新媒体研究，2021(7)：37－41，55.

[18] Hargittai E，Marwick A. “What can I really do?” explaining the privacy paradox with online apathy [J]. International journal of communication，2016(10)：3737－3757.

[19] Gillespie T. Social relevance of algorithms [M]//Gillespie T, Boczkowski P J, Foot K A. Media technologies: essays on communication, materiality, and society. Cambridge: MIT Press, 2014.
[20] 彭兰. 生存、认知、关系:算法将如何改变我们[J]. 新闻界,2021(3):45-53.
[21] 韩炳哲. 精神政治学[M]. 关玉红,译. 北京:中信出版集团,2019:36.

健身顶流养成记：在线健身信息可见性研究

——基于刘畊宏微博话题的 LDA 主题模型与多元回归分析

冯紫薇[①]

【摘　要】　随着全民健身国家战略的深入推进，在线健身凭借其打破时空限制的优势，逐渐成为人们日常生活的组成部分。2022 年 4 月，在线健身主播刘畊宏一夜爆红，短时间内掀起了全民健身的热潮。本文以刘畊宏在线健身直播火爆现象为研究对象，通过对新浪微博平台“刘畊宏”相关话题的爬取与挖掘，从微博内容话语逻辑中探究刘畊宏在线健身获得可见性的全过程，探讨其火爆现象背后的逻辑，并建立在线健身信息可见性影响因子的机理模型。

基于 LDA 主题模型识别有关刘畊宏微博的话题，本文从微博用户话语中归纳刘畊宏走红的关键因素，并通过多元线性回归分析等统计方法验证各主题中关键词词频与刘畊宏在线健身信息可见性之间的关系。研究发现，减脂塑形需求、直播迷因生产、健身打卡行为均能显著正向预测信息符号可见性与信息参与可见性；准社会互动负向预测信息符号可见性。

【关键词】　在线健身；可见性；刘畊宏；LDA 主题建模；传播效果

近年来，随着全民健身国家战略的大力推广，人们对于健康生活方式的追求愈发强烈，居家健身需求迎来爆发式增长。2020 年 1 月，国家体育总局发布《关于大力推广居家科学健身方法的通知》，随后一系列鼓励开展体育运动的文件相继出台，旨在推动各地推出简便易行、科学有效的居家健身方法，提高全民健身的参与度。2021 年 7 月，国务院发布了《全民健身计划纲要(2021—2025 年)》，鼓励体育明星等专业技术人才参与健身科普活动，以实际行动促进全民健身向更高水平发展。在全民健身国家战略的深入实施下，在线健身逐渐打破时间和空间的限制，成为人们日常生活的一部分。

2022 年 3 月，健身达人刘畊宏凭借一周 5 天的燃脂健身操直播一夜爆红，至今已成为国内最有影响力的现象级直播博主，创造了 7 天涨粉 1 000 万、直播间观看人次超 1 亿的流量神话。截至 2022 年 8 月 20 日，刘畊宏在抖音平台粉丝数已经达到 7 347.7 万，掀起全民健身的高潮，人人化身“刘畊宏男孩”“刘畊宏女孩”。

---

① 上海交通大学媒体与传播学院硕士研究生。

刘畊宏的走红是满足公众健身和心理需求、“平台造神”手段提高用户打开率、官方媒体下场助推以迎合全民健身国家战略等多方力量合谋的结果,这是一个逐步获得可见性的过程。本文从受众的角度探究刘畊宏这一 IP 获得可见性的全过程,通过对新浪微博平台“刘畊宏”相关话题的爬取与挖掘,探讨其爆火现象背后的逻辑。通过 LDA 主题建模和话语分析,构建微博用户的“刘畊宏”主题聚类图谱,并分析微博用户关于刘畊宏的话语框架,识别和归纳刘畊宏走红的因素,并在主题框架中的词频统计来探讨这些因素与刘畊宏在线健身信息可见性之间的关系,建立在线健身信息可见性影响因子的机理模型。基于 29 249 条微博数据,本文旨在了解公众参与刘畊宏在线健身的原因,推动落实全民健身国家战略,助力健康中国建设。

一、文献回顾与研究问题

1. 可见性

根据约翰·汤普森(John Thompson)的界定,“可见”意味着“什么能被看见,什么能在视野中被感知”。丹尼尔·达扬(Daniel Dayan)提出,所谓“可见性”(visibility)指能否被他人看见、能否获得他人的注意力,当获得的注意力达到一定规模时,即产生了可见性[1]。

关于可见性的实证研究主要以两种进路展开,一种进路侧重于研究社交媒体中的可见性管理,包括个体在时空维度和内容维度的可见性控制。可见性控制的相关研究常与自我呈现和印象管理领域的研究相互呼应。由于社交媒体的过度连接,为了抵抗“凝视”和“追踪”,用户设置了微信运动中的“不可见”[2]。社交媒体语境下,身体空间可见化程度的加剧,易导致个体陷入自我认同的危机[3]。社交媒体平台会以各种规则设计,通过隐匿的方式影响甚至决定着大量可见性的生产和流动,而这种控制可见性的权力常被忽略[4],这部分研究关注个体减少和削弱自身在社交媒体中的可见性的具体实践。

另一进路恰恰相反,其强调社交媒体平台的赋权,探究客体如何获得并增强可见性,关注客体实现可见性的内在逻辑,主要是基于社交媒体平台考察不同客体获得可见性的过程。在大众媒体时代,学者们通常使用框架、把关和议程设置等术语来描述媒介如何塑造可见性。在社交媒体时代,学者们关注微信、匿名交友 App 等社交媒体平台上的可见性[5],多数研究关注不同群体追求可见性的具体实践与展演技巧,例如,讨论不同职业从业者在短视频平台上的可见性[6-7],展现女性群体参与社会化媒体、追求可见性的能动表现[8],发掘城市短视频传播中的城市形象可见性[9-10],关注老年群体在电视话语中的可见性变迁过程[11]。在智能传播时代,可见性随着介质不同而发生变化,一些研究开始聚焦算法推荐的可见性,关注人与算法的互动[12],试图揭开算法背后的黑箱[13-14],揭示算法权力机制的构建[15]。本文主要关注这一研究进路,即可见性追寻与可见性赋权。

社交媒体是为人们进行可见性赋权的重要中介,借由社交媒体,人们得以绕过娱乐行业和大众媒体传统意义上的把关人角色,走上另一条成名的通道。博主通过与其受众之间可管理的连接、个人特质的丰富性、自给自足的独特文化关注等方面，将社交媒体名人(也被称为“网红”)的全新文化逻辑嵌入由平台商业模式、技术支持、广告和商业文化组成的全新产业结构当中。刘畊宏作为娱乐明星，背后有运作团队、明星资源、粉丝群体，那么他获得可见性的实践与普通公众有何不同？从依托和顺应到掀起和引领全民健身的热潮，刘畊宏获得了怎样的可见性权利？基于以上疑问，本文关注刘畊宏走红背后的话语框架，由此提出研究问题。

研究问题1：微博用户关于刘畊宏在线健身的讨论中包含哪些主题？呈现出怎样的话语框架？

现有可见性研究大多采用定性或思辨的方法批判性地描述可见性背后的话语权利机制，剖析弱势群体通过社交媒体平台赋权而开展的争取可见性的实践，鲜有研究根据可见性的内涵定义，梳理出可见性的量化指标。信息可见性是指信息载体符号之上的含义可以被看到、听到、感知到的性质和状态[16]。在本文中，刘畊宏在线健身的信息可见性是指刘畊宏在线健身模式获得公众注意力的程度，分为信息符号可见性与信息参与可见性两大维度。从浅层的视觉传达层面来看，可见的数量与频率塑造了现实世界的概况，而信息符号可见性是一种交往方式，也是实现可见性的方式，并以各类文字、图片、视频、音频等信息符号的形式出现在互联网上[16]。从深层的信息加工层面来看，经过浅层信息传达后，用户在大脑中进行处理从而输出点赞、评论、转发等信息参与行为[17]，信息参与可见性是指用户深层次地参与到信息加工过程中，与信息产生交互效应，从而使信息产生可见性。

基于研究问题1提炼出的内容主题与话语框架，本文进一步归纳刘畊宏在线健身获得媒介可见性的原因。据此，本文提出研究问题2。

研究问题2：刘畊宏走红的原因有哪些？哪些因素会影响刘畊宏在线健身的可见性？

2. 在线健身

在线健身是近年来新兴的发展业态，线下体育活动受限的情况下，居家在线健身需求激增，在线健身活动丰富多样，体育媒体与直播平台发展迅猛。一份使用谷歌Trend数据的报告显示，在美国、英国和西班牙封锁后的几周内，“居家锻炼”的搜索有所增加[18]。皮尤研究中心报告称，16%的美国成年人观看了在线锻炼视频。YouTube还宣布，在2020年期间，健身视频的数量比前一年增加了5倍以上。在澳大利亚和许多其他国家的流行病限制期间，住宅成为健身和休闲的主要场所[19]。简言之，在线健身热潮是供给侧改革的产业逻辑、“互联网＋”的政策逻辑、智能媒体发展的技术逻辑共同作用下的结果[20]。

在线健身参与意愿与主播属性、平台体验、外部环境等因素息息相关。有学者调查了社交媒体人物的个人属性与用户在线锻炼意愿之间的关系，研究发现想要在自己的频道上吸引观众的健身主播可能需要从观众的角度考虑自我属性，并应该与观众建立心理联系[21]。信息流体验受到信息质量、视觉内容和身体吸引力的显著影响。此外，社交互动、信息质量和视觉内容对频道满意度也有显著影响。最后，心流体验和频道满意度对行为意向有显著影响；跟随健身主播进行锻炼时，健身主播的外貌等属性可以让观众处于在完全沉浸式的体验中[22]。

根据前人研究和 LDA 分析得出的主题结果,本文提出研究假设 1。

研究假设 1:LDA 主题分析归纳出的刘畊宏走红影响因素分别预测刘畊宏在线健身信息符号可见性。

研究假设 2:LDA 主题分析归纳出的刘畊宏走红影响因素分别预测刘畊宏在线健身信息参与可见性。

在线健身是人们为满足自身锻炼需求而采取的活动形式,人们进行健身练习有助于调节日常生活,和谐家庭氛围,形成逃避的情感体验[23]。一些研究表明,可穿戴自我跟踪设备和健身应用等数字技术可帮助人们保持活跃[24-26]。全民在线健身是全民健身的重要机制,基于七国大数据分析,在线健身和网络社交对促进健康生活有积极作用[27]。

总体而言,在线健身方兴未艾。刘畊宏的健身直播爆红事件为我们以计算传播方法深入探讨健身直播热潮提供了一个切入口。据此,本文提出研究假设 3 和 4。

研究假设 3:环境状况调节刘畊宏走红影响因素与信息符号可见性的相关关系。

研究假设 4:环境状况调节刘畊宏走红影响因素与信息参与可见性的相关关系。

二、研究方法与研究设计

本文采用计算传播的研究方法探讨刘畊宏在线健身获得可见性的原因,通过 Python 爬取微博用户讨论刘畊宏的博文,运用 LDA 主题建模识别微博用户关于刘畊宏话题的隐含主题,并探究"刘畊宏"话题传播规律与话语框架,归纳出刘畊宏在线健身获得可见性的原因。基于 LDA 识别和总结出的主题成因,搭建刘畊宏在线健身信息可见性机理模型,验证模型的合理性与适用性。

1. 数据收集

利用 Python 在新浪微博平台上搜索并爬取#刘畊宏#、#刘畊宏直播#、#刘畊宏健身#、#刘畊宏女孩#等讨论量较高的微博话题下的所有原创微博,爬取结构包括用户名称、用户博文、转发数、评论数、微博链接、发送时间、话题名称。根据百度指数的统计数据,关键词"刘畊宏"的舆论热度从 2022 年 4 月 10 日开始急速上升,4 月下旬左右搜索指数达到顶峰。故本文将数据收集的时间段设定在 2022 年 4 月 1 日—2022 年 7 月 31 日。

爬取后,初步获得原始数据 36 780 条。在获得数据之后,首先开展数据清洗和数据结构化调整工作:通过 Jieba 对获得的文本进行分词,并过滤无关字符和停用词等;对微博用户的转发评论文本进行去重处理,使文本信息的话题更具原创性。在去除错误重复、与主题明显无关的数据后,共得到有效 29 249 条微博数据用于后文的数据分析。

2. LDA 主题建模

LDA(Latent Dirichlet Allocation)是一种文本主题生成和聚类模型,可用于获取大量测试数据的主题和焦点[28],用于在大量无结构化文本中寻找主题。本文采用 LDA 主题建模的方法,识别微博用户关于刘畊宏话题的隐含主题,建构微博用户的"刘畊宏"主题聚类图谱,获得与刘畊宏相关的微博内容主题,总结网友在讲述刘畊宏时主要谈论的议题并进行可视化，初步归纳刘畊宏在线健身获得可见性的成因。

在对文本进行预处理的基础上，研究者调用 sklearn 程序包中的 LDA 话题模型获取数据集中的话题，并取每个话题前 20 个词语来代表该话题。主题困惑度(perplexity)将被用来选择最佳数量的主题[29]。在确认合适的主题数量并命名后，根据 LDA 提取的潜在主题发现刘畊宏的微博主题词，运用 Wordart 在线应用对各个主题的代表词语进行可视化。

3. 变量测量

1) 自变量与因变量

自变量为研究问题 2 中归纳出的刘畊宏走红的因素，主要包括 LDA 分析出的几大具体类别，LDA 分类主题下的主题词词频被用于代表可见性模型中的影响因子的显著性程度。

因变量为刘畊宏在线健身信息可见性。信息可见性特征重点关注数量和范围广度，在这一层次可见性指的是视力、视野，以及眼力所及的范围、程度与能见度[30]。从信息符号可见的数量与频率来看，可见性衡量了信息在网络空间中广泛传播的能力，指客体在信息流中的绝对曝光量[31]。有学者将媒体报道量作为可见性指标[32]，也有学者将国家可见性量化为在外国媒体新闻报道中出现的频率[33]。基于前人研究，本文采用微博刘畊宏相关话题中的每日发帖量来衡量信息符号可见性。

信息参与可见性侧重于表述用户在信息浏览中的互动参与行为。公民在社交媒体中的信息参与行为可以用每个帖子的点赞、评论和转发数量来衡量[34]。用户参与点赞行为、用户参与转发行为和用户参与评论行为常作为测量用户信息参与行为的指标[35]。本文关注点赞数和评论数对信息参与可见性的作用，采用微博刘畊宏相关话题中每日所有帖子的点赞数量总和与评论数量总和作为测量指标，对两者进行归一化处理后得到信息参与可见性的程度。

2) 调节变量

本文将环境状况作为调节变量，其测量指标通过相关权威渠道获取。收集了 2022 年 4 月 1 日—2022 年 7 月 31 日的相关数据。

4. 数据处理与统计分析

为了验证研究假设，本文使用 SPSS 24.0 软件处理和分析数据，进行描述性统计以获得对样本情况的基本了解，进行相关性分析以验证变量间的路径关系，采用多元线性回归分析方法进行逐步回归，最终建立一个理想且稳定的最优模型。

由于特定区域大范围筛查、单一时间段内微博爆点的出现，收集到的数据中存在个别极端值，为了平衡数据之间量级的差距，本文首先对微博发帖量、点赞数、评论数进行取对数(ln)处理，使因变量数据变化趋势基本呈正态分布。同时，由于样本数据波动大，在进行回归分析之前，本文还对自变量和调节变量的数据进行 0～1 标准化处理(Z-Score)。由于因变量与信息参与可见性所包含的点赞数和评论数为不同量纲的数据，本文对两者进行归一化处理后再加总，以获得信息参与可见性的具体数值。

三、研究发现

1. LDA 主题模型

本文进行 LDA 主题建模分析,探究公众关于刘畊宏话题的讨论范围和讨论密度,获得刘畊宏相关微博的内容主题,从网友在讲述刘畊宏时主要谈论的议题中归纳出影响可见性的因素。

在运行 LDA 模型后,本文借助主题困惑度值选择最合适的主题数量。困惑度越小说明模型预测能力越好,然而,困惑度在一定的主题数量值后呈现逐渐下降的趋势。若选择较大的主题数目,则抽取主题之间存在相似度大、辨识度不高的问题。由图 1 和图 2 可知,当主题数量为 5 时困惑度最小,故本文选择 5 最为最佳主题数。

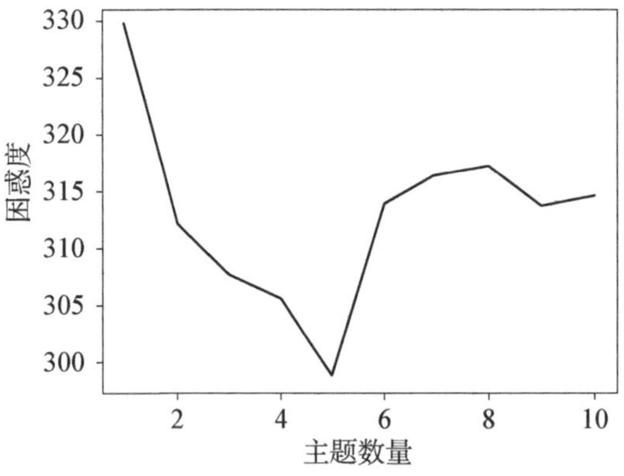

图 1　主题困惑度曲线图

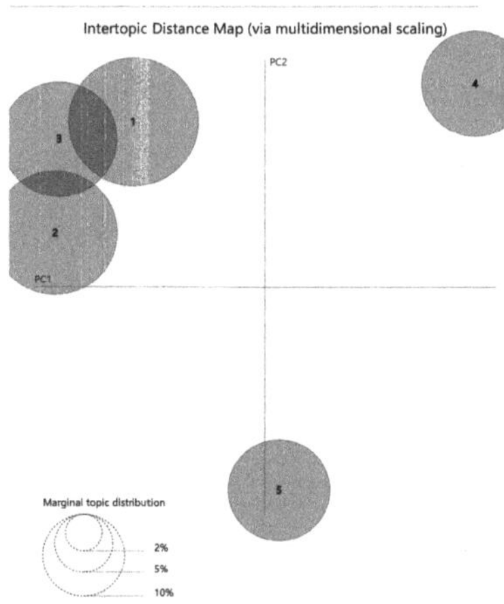

图 2　主题间距图(主题数量=5)

如图 3 所示,基于 LDA 主题模型分析生成的刘畊宏相关话题数据中,重复频率最高、最具强度的 5 个框架。每个主题由 20 个关键词构成,关键词词云图可以反映出各自的框架主题:减脂塑形框架、准社会互动框架、直播迷因框架、健身打卡框架、流行音乐框架。此外各个主题框架的权重系数可视化为词云面积,从左到右的排序呈现出框架的频度差异;而框架内各个关键词亦有不同的权重系数,图中词语的大小即表明它在框架内的占比。

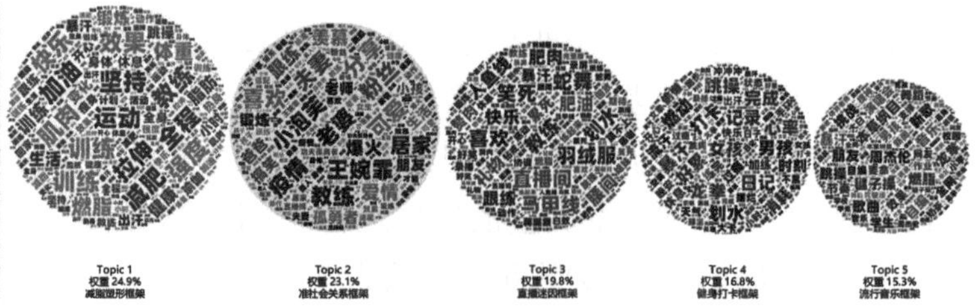

图 3　微博刘畊宏相关话题的主题权重及主题词云图

1）主题1：减脂塑形框架

这一主题主要讨论刘畊宏健身直播的强度、难度、类型、效果等问题，关注全身性的有氧健康训练和减脂塑形的实际需求，也会涉及一些健身训练的恢复与饮食问题。网民在讨论刘畊宏时，常常将其与健康生活联系起来，这一主题的出现反映出跟着刘畊宏跳健身操已经成为热门的日常生活方式，引领了健身生活、绿色生活的潮流。可见，刘畊宏推动了全民健身的热潮，倡导了健康的生活方式，公众在刘畊宏直播间的带动下开始了规律、健康的生活，并且大家相互鼓励，坚持健身。这一话题是刘畊宏走红的根本原因，即契合了人们燃脂塑形、健康生活的追求。

2）主题2：准社会互动框架

准社会互动（parasocial interaction，PSI）最初用于描述消费者幻想中的自己与新闻主播或节目主持人之间的单边关系，是受众在接触媒体人物瞬间的心理反应[36]。

简单动作、全家上阵、家庭元素是刘畊宏直播间的鲜明特征，网络直播的可供性让刘畊宏得以同时进行多种社会角色的塑造：他是娱乐圈明星刘畊宏，他是直播间观众的健身教练，是为全网“刘畊宏女孩”批作业的老师，也是王婉霏的老公、小泡芙的爸爸、周杰伦的朋友……在多种社会角色的转换中，刘畊宏充分展现个人魅力以吸引各年龄段的目标人群，“爸爸”“妈妈”“孩子”“大家”“老师”“学生”等各类身份主体加入刘畊宏直播间并与刘畊宏进行准社会互动，反映出老少皆宜成为打破圈层进行传播的流量密码，推动专业性健身运动的大众化转向。

3）主题3：直播迷因框架

主题3描述了刘畊宏直播间这一场景中的主播与粉丝互动模式，重在关注直播现场的互动符号。迷因是指通过复制、变异而传播的基本文化单位[37]，因具有很强的自我复制能力而在网络空间中被广泛模仿和传播。刘畊宏因反对平台因着装封禁而在跳操时穿的羽绒服成为网络热梗和网络迷因，很多人在求购其同款衣服。刘畊宏在直播间时常喊的口号“腰间的废油咔咔掉，人鱼线、马甲线，我想要”朗朗上口，易于传播，也更适合观众在健身时进行自我鼓励，成为直播间中的广为传播的迷因。总体来看，热搜词条上的#全民皆可刘畊宏#绝非空穴来风，刘畊宏的表情包、短视频、健身操、健身口号因为本身极强的复制性（操作简单、诙谐幽默等）被人们竞相模仿、传播，甚至变异，成为网络传播中的迷因，健康理念也搭载着各种迷因在刘畊宏健身直播间的狂欢广场中传播。

4）主题4：健身打卡框架

这一主题反映了网友的健康打卡行为。在刘畊宏直播间跳健身操已经内化为“刘畊宏男孩女孩”的日常生活，他们以日记的形式在社交媒体中记录自己的身体状况、健身情况等，也有网友分享早午餐、今日天气等。同时，“刘畊宏女孩”超话中还建立了健身打卡机制，对运动健康行为进行量化，推动个体坚持健身、加强锻炼。这种分享健身信息的媒介实践，不仅增加了健身行为在社交媒体中的声量，还能在分享者、打卡者的强关系和弱关系网络中形成激活运动健身的社交引擎，联动各个主体参与到健身打卡的日常实践中来。

在这一框架中，网友们自称“刘畊宏女孩”“刘畊宏男孩”，以自我命名、自我书写的形式表达对公众人物的喜爱，同时这也有助于其构建新的自我主体。借助这一身份标签和社交货币,个体能够更为快速地寻找社群,获得归属感,进而形成集体认同。

5) 主题 5:流行音乐框架

音乐在健身运动中有着重要作用,相关研究表明,在低强度到中等强度的运动中,用音乐节奏和旋律指导肌肉运动具有较大优势[38]。刘畊宏健身直播的又一大流量密码是其健身操所用的流行音乐。刘畊宏凭借《〈本草纲目〉毽子操》出圈,一方面与这套健身操本身简单易学、普适性高密切相关,另一方面也离不开歌坛巨星周杰伦这首发行于 2006 年的歌曲《本草纲目》的助力。凭借与好友周杰伦多年的深厚友谊,刘畊宏得以在直播中免费使用周杰伦的歌曲作为健身背景音乐,并基于这些自带流量的歌曲自编各类舞蹈或健身操。此外,刘畊宏与周杰伦几十年的友谊也是增加好感度、吸粉的又一重要因素。

综上所述,这五大框架建构出了微博用户的刘畊宏在线健身议程主题,为后文进一步对刘畊宏在线健身进行可见性分析搭建了基本架构。经过分析,刘畊宏在线健身在微博上获得显著可见性的主要原因有:推出简单易学、适合普罗大众基础的健身操,满足公众减脂塑形的健身需求;强化与粉丝的准社会关系,在准社会互动中拉近距离、联结情感;通过直播间的迷因形成破圈动力,推动健身直播间的病毒式传播;健身打卡帖成为再生力量,激活更大范围的社交关系网络;充分发挥流行音乐在健身操中的应用。

2. 在线健身信息可见性模型

基于 LDA 主题建模归纳出的刘畊宏走红的五大影响因素:减脂塑形需求、准社会互动、直播迷因生产、健身打卡行为、流行音乐采用。本文以各变量中的主要关键词词频来测量影响因素的显著程度。根据实际情况,从每个主题中词频排名前 30 的词语里,根据变量特点人工筛选 10 个关键词,如表 1 所示。例如,变量"公众减脂塑形需求"以主题 1 减脂塑形框架中的 10 个主要关键词(运动　减肥　训练　效果　全程　肌肉　强度　健康　拉伸　体重)的词频进行量化,"准社会互动"以主题 2 准社会互动框架中的 10 个主要关键词(老婆　夫妻　居家　粉丝　跟练　爸爸　生活　老师　朋友　小孩)的词频作为量化指标。基于此,本文建立刘畊宏在线健身的可见性模型,如图 4 所示。

表 1　变量描述及数据来源

变量类型	变量名称	概念化内涵	操作化定义	来源
自变量	减脂塑形需求	公众在运动、减肥、增肌等方面的健身需求	LDA 模型"减脂塑形需求"主题框架下的每日关键词词频(运动　减肥　训练　效果　全程　肌肉　强度　健康　拉伸　体重)	微博刘畊宏相关话题的 LDA 分析结果
	准社会互动	用户在媒介接触中存在对刘畊宏及其家人的情感依恋,将刘畊宏当作身边的朋友、老师,并产生某些社交行为	LDA 模型"准社会互动"主题框架下的每日关键词词频(老婆　夫妻　居家　粉丝　跟练　爸爸　生活　老师　朋友　小孩)	

续　表

变量类型	变量名称	概念化内涵	操作化定义	来源
自变量	直播迷因生产	刘畊宏直播间所产生的可模仿的最小文化单位，包含直播间的广为流传的热梗、黑话、热词等	LDA 模型“直播迷因生产”主题框架下的每日关键词词频（直播间　教练　蛇舞　羽绒服　人鱼线　马甲线　肥油　回放　礼物　笑死）	
	健身打卡行为	个体健身后在社交媒体上分享健身感想、记录健身过程的信息	LDA 模型“健身打卡行为”主题框架下的每日关键词词频（运打卡　记录　日记　心率　消耗　燃动　好累　暴汗　划水　偷懒）	
	流行音乐采用	使用周杰伦的歌曲进行燃脂健身操的编创	LDA 模型“流行音乐采纳”主题框架下的每日关键词词频（周杰伦　本草纲目　毽子操　自编　龙拳　挑战　新歌　歌曲　音乐　朋友）	
因变量	信息符号可见性	刘畊宏在线健身信息符号在网络空间中的广泛传播的能力，指其信息符号在媒介环境中的绝对曝光量	微博刘畊宏相关话题中的每日发帖量	微博刘畊宏相关话题
	信息参与可见性	指用户深层次地参与到刘畊宏在线健身的信息加工过程中，与信息产生交互效应，从而使其获得可见性	微博刘畊宏相关话题中每日所有帖子的点赞数量总和	
			微博刘畊宏相关话题中每日所有帖子下的评论数量总和	
调节变量	环境状况	某一特定环境因素对研究主题的影响	选取相关环境指标或数据	相关权威渠道

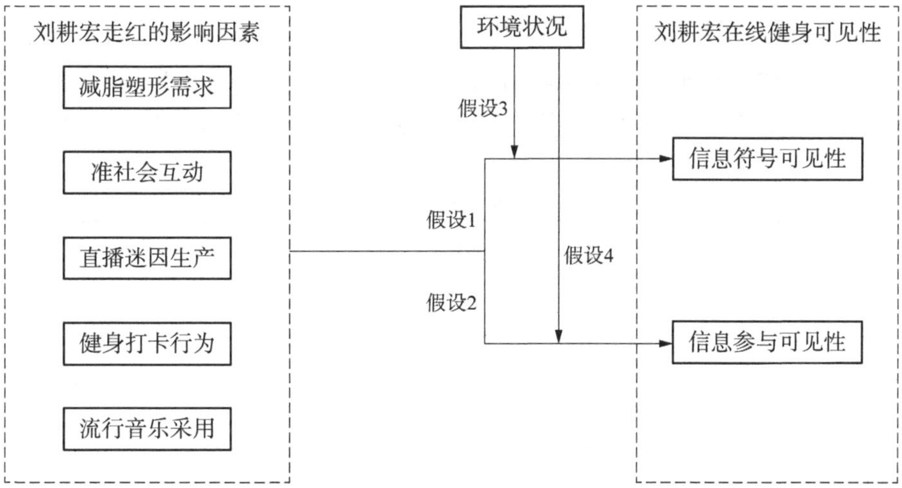

图 4　刘畊宏在线健身的可见性模型

1) 描述性统计与相关性分析

描述性统计与相关性分析结果如表 2 所示。由表可知,减脂塑形需求、准社会互动强度、直播迷因生产、健身打卡行为、流行音乐采用等因素与发帖量、点赞数、评论数均具有显著正相关关系。这些相关性与理论预期的关系相一致,为验证研究假设提供了初步证据。

表 2 所有变量的相关性

	均值	标准差	1	2	3	4	5	6	7	8	9
1. 发帖量	379.860	2350.096	1								
2. 点赞数	13612.500	85745.843	0.984**	1							
3. 评论数	1719.140	10753.817	0.991**	0.988**	1						
4. 环境状况	1542.690	9462.319	0.993**	0.974**	0.982**	1					
5. 减脂塑形需求	66.320	67.775	0.882**	0.460**	0.543**	0.172*	1				
6. 准社会互动	30.020	49.082	0.701**	0.405**	0.594**	0.171*	0.850**	1			
7. 直播迷因生产	38.720	48.753	0.730**	0.455**	0.577**	0.084	0.592**	0.524**	1		
8. 健身打卡行为	57.410	51.867	0.853**	0.454**	0.543**	0.125	0.768**	0.548**	0.615**	1	
9. 流行音乐采用	87.960	199.383	0.784**	0.357**	0.477**	0.469**	0.518**	0.410**	0.643**	1	

注:* $P<0.05$,** $P<0.01$,*** $P<0.001$。

2) 多元线性回归分析

从模型 1 可知,减脂塑形需求($\beta=0.679$,$P<0.001$)、准社会互动($\beta=0.280$,$P<0.05$)、直播迷因生产($\beta=0.228$,$P<0.01$)、健身打卡行为($\beta=0.316$,$P<0.01$)对信息符号可见性和信息参与可见性都具有就较高的显著性,且拟合效果较好(调整后的 R^2 分别为 0.562、0.509)。这表明从健身直播中孵化的迷因数量能够正向显著预测在线健身的可见性程度。值得注意的是,准社会互动对信息符号可见性的回归系数为负,这表明当准社会互动强度增加时,刘畊宏在线健身的信息符号可见性反而会有所降低(见表 3)。

表 3 多元线性回归结果

		刘畊宏在线健身信息可见性	
		信息符号可见性(模型 1)	信息参与可见性(模型 2)
减脂塑形需求	标准化系数 β	0.679***	0.552**
准社会互动		−0.280*	−0.145
直播迷因生产		0.228**	0.291***
健身打卡行为		0.316**	0.220*

续 表

		刘畊宏在线健身信息可见性	
		信息符号可见性（模型 1）	信息参与可见性（模型 2）
流行音乐采用		−0.156	−0.117
F		32.013***	26.098***
R^2		0.580	0.529
调整后的 R^2		0.562	0.509

注：* $P<0.05$，** $P<0.01$，*** $P<0.001$。

根据 β 绝对值大小（0.679＞0.316＞0.280＞0.228），在信息符号可见性的影响因素中，减脂塑形需求对因变量的影响程度最大，健身打卡行为次之，直播迷因生产最小。所以，当刘畊宏相关话题能更多地满足人们的减脂塑形需求，包含健身打卡分享信息和网络迷因信息时，刘畊宏在线健身发帖量更大，能够获得更多的公众注意力，并在更大范围中被他人识别和感知。

模型 2 拟合效果也较为可观，能在 50.89％的概率下预测可见性质量。减脂塑形需求（$\beta=0.552$，$P<0.01$）、直播迷因生产（$\beta=0.291$，$P<0.001$）、健身打卡行为（$\beta=0.220$，$P<0.05$）对信息参与可见性都具有显著正向影响，而准社会互动对信息参与可见性的影响不显著，且该模型拟合效果好。这表明，随着微博话题中减脂塑形、直播迷因和健身打卡等因素的增加，刘畊宏在线健身获得更多的点赞量和评论数，这一模式会得到更多网友的认可，网友也会增加对这一议题的讨论和互动。

流行音乐采用对信息符号可见性和信息参与可见性的回归系数均不显著，说明刘畊宏在线健身直播间是否采用《本草纲目》《龙拳》等流行音乐，对在线健身信息可见性影响不大。综上，研究假设 1、研究假设 2 部分成立。

四、总结与讨论

本文采用计算传播和统计分析方法探讨刘畊宏在线健身获得可见性的原因，基于刘畊宏爆火事件的发展脉络和 LDA 主题建模获得刘畊宏走红事件在网络空间中语义解释，探讨其爆火现象背后的逻辑，同时基于 LDA 主题词构建刘畊宏在线健身的可见性模型，分析其获得可见性的多重因素。

从 LDA 主题建模中，本文形成减脂塑形框架、准社会互动框架、直播迷因生产框架、健身打卡框架、流行音乐采用框架五大主题。在五大框架建构出了普通公众的刘畊宏议程，为后文对刘畊宏进行可见性分析搭建了基本架构。研究发现，作为健身博主，刘畊宏满足了公众在多重场景互动中的减脂塑形需求。在用户需求方面，全民健身与健康中国战略等语境信息是刘畊宏微博话题的底层话语框架，也是其走红的重要原因。在社交层面，刘畊宏夫妇在直播间中与用户进行准社会互动,提供情感价值与情感支持,并生产大量迷因转化为用户交流的社交货币与寻求集体认同的身份标签,为其走红提供了源源不断的社交动力。在用户行为习惯层面,健身打卡已经成为用户的日常行为,这种媒介实践被内化于生活实践,加强在线健身的可见性周期性频率,达到"固粉"的效果。在粉丝基础方面,刘畊宏凭借与华语流行音乐天王周杰伦的深厚友谊和热门歌曲的选择,推动议题的重叠、粉丝的迁移以及名人与名人、名人与粉丝之间的互动。

基于 LDA 生成的五大框架,本文建构了刘畊宏在线健身的可见性模型,探究各主题框架中的主要关键词对在线健身信息可见性的影响。回归结果显示,减脂塑形需求、直播迷因生产、健身打卡行为均能显著正向预测信息符号可见性与信息参与可见性,准社会互动负向测信息符号可见性,流行音乐采用对刘畊宏在线健身的可见性没有显著影响。所以,当话题中更多地体现用户减脂塑形需求、包含直播迷因与健身打卡内容时,刘畊宏在线健身模式能在微博场域捕获更多的注意力,同时激发更多的用户互动参与行为,从而提高在线健身信息的传播效果。本文由于数据量受限,可能导致部分结果不显著,未来研究可以考虑在更长时间范围内进行分析。

从信息符号可见性的角度来看,刘畊宏在线健身维持着较为持续的浅层次可见性;从信息参与可见性的角度来看,刘畊宏基本上保持着"好评如潮"的发展态势,用户参与讨论的热度依旧居高不下,随着时间的沉淀,深层次可见性的效果亦不断凸显。尽管进入 5 月以后,公众居家健身的需求并不如往常强烈,但刘畊宏每场直播都保持着百万人的观看量,这一基数在直播界仍然不容小觑。一方面是顶层设计循序推动,支持健身行业规范发展,另一方面是人们形成居家健身锻炼习惯,用直播健身缓解焦虑、寻找认同,刘畊宏在各方面因素中获得了这个赛道的先机和优势。随着人们从居家的云健身状态转向了拥抱自然的户外运动方式。6 月 2 日,微博热搜词条#刘畊宏热度下降#、#刘畊宏女孩都去哪儿了#一下子将刘畊宏与其健身直播模式的可持续性推上了舆论焦点。在未来,刘畊宏该何去何从,在线健身的未来之路该如何走,如何持续运营好这一 IP 流量并通过这一在线健身模式继续推动全民健身热潮、推动健康中国战略的发展,值得相关从业者不断思考。

参考文献

[1] Dayan D. Conquering visibility, conferring visibility: visibility seekers and media performance [J]. International journal of communication, 2013(7):137-153.

[2] 姜红,龙晓旭. 在"可见"与"不可见"之间:微信运动中的个体生活与数字交往[J]. 现代出版,2022(3):11-20.

[3] 郑励. 身体空间的"可见性"生产与自我认同危机:基于社交媒体语境的探索[J]. 长白学刊,2019(5):149-156.

[4] 李梦颖. "可见性"构建的微博公共空间研究[D]. 上海:复旦大学,2014.

[5] 高艺,吴梦瑶,陈旭,孙萍"可见性"何以成为生意?:交友类 App 会员制的监视可供性研究[J]. 国际新闻界,2022,44(1):137-155.

[6] 杜园春,尚佳. "云健身"火了 最近 78.1%受访者在线健身[N]. 中国青年报,2023-02-02

(10).
[7] 陆晔，赖楚谣. 短视频平台上的职业可见性：以抖音为个案[J]. 国际新闻界，2020，42(6)：23－39.
[8] 曾丽红，叶丹盈，李萍社会化媒介赋权语境下女性“能动”的“可见性”：兼对B站美妆视频社区的“可供性”考察[J]. 新闻记者，2021(9)：86－96.
[9] 邓元兵，范又文政务短视频对城市形象的建构与传播：以“上海发布”等政务抖音号为例[J]. 中国编辑，2021(11)：62－66.
[10] 路鹃，付砾乐. “网红城市”的短视频叙事：第三空间在形象再造中的可见性悖论[J]. 新闻与写作，2021(8)：59－67.
[11] 郭小平，秦艺轩. “积极老龄化”的电视话语：新社会风险、可见性与老人形象建构[J]. 中国新闻传播研究，2019(4)：126－137.
[12] Cotter K. Playing the visibility game: how digital influencers and algorithms negotiate influence on Instagram [J]. New media & society, 2019，21(4)：895－913.
[13] 聂静虹，宋甲子. 泛化与偏见：算法推荐与健康知识环境的构建研究：以今日头条为例[J]. 新闻与传播研究，2020，27(9)：23－42.
[14] 杨洸，佘佳玲. 新闻算法推荐的信息可见性、用户主动性与信息茧房效应：算法与用户互动的视角[J]. 新闻大学，2020(2)：102－118.
[15] Bucher T. Want to be on the top? algorithmic power and the threat of invisibility on Facebook [J]. New media & society, 2012，14(7)：1164－1180.
[16] 朱爱菊. 网络信息可见性研究[J]. 图书情报工作，2017，61(2)：50－56.
[17] 沈霄，叶文杰，付少雄常态社会与危机情境下健康信息公众参与的差异性研究：以国家卫健委官方微博为例[J]. 情报杂志，2021，40(11)：99－106.
[18] Ding D, Cruz B D P, Green M A, et al. Is the COVID－19 lockdown nudging people to be more active: a big data analysis [J]. British journal of sports medcine, 2020，54(20)：1183－1184.
[19] Fullagar S, Pavlidis A. Thinking through the disruptive effects and affects of the coronavirus with feminist new materialism [J]. Leisure sciences, 2020，43(1－2)：152－159.
[20] 张硕. 在线健身需求的形成与“刘畊宏”现象传播的逻辑[J]. 新闻传播，2023(1)：40－42.
[21] Kim H-M, Kim M, Cho I. Home-based workouts in the era of COVID－19 pandemic: the influence of fitness YouTubers' attributes on intentions to exercise [J/OL]. Internet research, 2022. https://doi. org/10. 1108/intr-03-2021-0179
[22] Kim M. How can I be as attractive as a fitness YouTuber in the era of COVID－19? The impact of digital attributes on flow experience, satisfaction, and behavioral intention [J/OL]. Journal of retailing and consumer services, 2022(64)：102778. https://doi. org/10. 1016/j. jretconser. 2021. 102778.
[23] Clark M, Lupton D. Pandemic fitness assemblages: the sociomaterialities and affective dimensions of exercising at home during the COVID－19 crisis [J]. Convergence: the international journal of research into new media technologies, 2021，27(5)：1222－1237.
[24] Chen P, Mao L, Nassis G P, et al. Coronavirus disease (COVID－19): the need to maintain regular physical activity while taking precautions [J]. Journal of sport health science, 2020，9(2)：103－104.
[25] Schwendinger F, Pocecco E. Counteracting physical inactivity during the COVID－19 pandemic: evidence-based recommendations for home-based exercise [J]. Internatioal journal of environmental research and public health, 2020，17(11)：3909.

[26] Clark M. Signs, beaches and bodies in pandemic times [J]. Media international australia, 2020, 178(1):8 - 15.
[27] 边燕杰,鲁肖麟在线健身与网络社交的新冠疫情防控效应:基于全球 7 国相关大数据的实证分析[J]. 西安体育学院学报,2021,38(6):641 - 651.
[28] 金苗,自国天然,纪娇娇. 意义探索与意图查核:"一带一路"倡议五年来西方主流媒体报道 LDA 主题模型分析[J]. 新闻大学,2019(5):13 - 29.
[29] 陈嘉钰,李艳. 基于 LDA 主题模型的社交媒体倦怠研究:以微信为例[J]. 情报科学,2019,37(12):78 - 86.
[30] 罗金成. 媒介化可见性:新闻发言人制度起因新解[J]. 当代传播,2015(5):96 - 97.
[31] Thompson J B. The new visibility [J]. Theory, culture & society, 2005,22(6):31 - 51.
[32] 刘娜,黄顺铭. 看得见的客人:外国领导人访华的国际媒体可见性及其影响因素(1978—2018)[J]. 新闻界,2019(08):80 - 87.
[33] Jones T M, Van Aelst P, Vliegenthart R. Foreign nation visibility in U. S. news coverage [J]. Communication research, 2011,40(3):417 - 436.
[34] Bonsón E, Royo S, Ratkai M. Citizens' engagement on local governments' Facebook sites. an empirical analysis: the impact of different media and content types in western Europe [J]. Government information quarterly, 2015,32(1):52 - 62.
[35] 张蒙,徐文贤. 高校官方微博用户信息参与行为影响因素研究:以黑龙江省 19 所高校为例[J]. 情报探索,2022(6):80 - 84.
[36] 吴玥,王江楠,刘艺萱. 她们为何在同人社群自愿创作:以群体认同与情感付出为视角[J]. 新闻与传播研究,2021,28(S1):108 - 125.
[37] 常江,田浩. 迷因理论视域下的短视频文化:基于抖音的个案研究[J]. 新闻与写作,2008(12):32 - 39.
[38] 曹蓓娟,莫晓燕. 健身路径操的编制及其生理负荷[J]. 上海体育学院学报,2014,38(4):77 - 79.

体育媒介化背景下冬奥会在 YouTube 上的议程建构及受众情感演变分析

周小丁[①]　孙佳豪[②]

【摘　要】 在体育媒介化语境下，网络议程设置呈现出受众认知的网络结构化特征，情感化的兴起为人们在社交媒体上叙述带来了一种新的进路。主流媒体网络议程设置与受众之间的关系值得深入探讨。2018 年平昌冬奥会和 2022 年北京冬奥会作为两届具有代表性的冬奥会，是深度体育媒介化的具体表现形态。两国在地缘政治和文化上具有一定接近性，这为对比研究提供了独特视角。为了探究网络议程设置及受众情感演变，本文以 ARITRANG NEWS 和 CGTN 在 YouTube 上的有关冬奥会的视频议题和公众评论为文本数据采集对象，通过 Python 数据爬取、数据处理、LDA 主题分析和 Textblob 情感分析的方法，分析同一文化圈层下的东道国体育对外传播报道叙事模式以及参考受众情感等媒体行为。研究者在为后冬奥时代如何讲好中国体育故事、展现良好中国形象提供实践对策，回答为人类命运共同体建构创造良好的国际舆论环境的时代命题。

【关键词】 体育媒介化；冬奥会；议程建构；情感分析

中韩两国均是既举办过夏奥会又举办过冬奥会的国家。2018 年平昌冬奥会是近年来备受关注的一届奥运会，为解决朝鲜半岛问题点燃希望。2022 年北京冬奥会作为另一届重要的国际体育赛事，展示了奥林匹克运动在新时代的影响力。随着媒介化进程的加快，奥林匹克转播服务公司(OBS)首席执行官埃克萨科斯表示："北京冬奥会国际传播是迄今为止数字化程度最高、收视率最高的一届冬奥会，在美国全国广播公司旗下的数字平台上，北京冬奥会也成为收视率最高的一届冬奥会[1-3]。"然而，仅关注数字是不够的，数字背后的外交关系、话语环境等因素让我们有必要在国际政治背景下去深入研究。

奥运会作为一个全球共通的重量级赛事，再加上中韩两国有着文化接近性。在东亚奥运热(最近三届奥运会在东亚举办)的背景下，冬奥会对塑造国家形象，助力举办国增强国际影响力有一定的作用和意义。在国内，学者徐小鸽最早提到"一个国家在国际新闻流动

---

① 上海交通大学体育系硕士研究生。
② 华为技术有限公司上海研究所研究人员。

中所形成的形象或一国在他国新闻媒体的新闻和言论报道中所呈现的形象”。仅研究国家在体育对外传播议程上的自我塑造远远不够，一个立体的国家形象塑造离不开“他者”的视角。若从他国主流媒体来看，更容易受到外交、话语和意识形态差异的影响，不可避免地存在西方主观视角，容易走上所谓的政治抵制之途，但从受众的视角去看主办国在海外媒体上的形象塑造更真实，受众的情感表达也正重塑公共实践。同时，在世界百年未有之大变局的当下，受众的情感色彩明显，全球性体育赛事对弥合受众情绪的疏离有一定作用[4]。通过受众情感的演变结合全球社交媒体平台上网络议程设置分析，试图窥见受众在哪些节点上更能产生情感上的共鸣，中韩两国在建构上有哪些异同点，我们又可以从中学习到什么，对我们后续的对外传播和讲好中国故事具有一定启示作用。

一、文献综述

1. 网络议程设置

1972 年，美国学者马克斯韦尔・麦库姆斯(Maxwell E. McCombs)和唐纳德・肖(Donald L. Shaw)通过“教堂山政治竞选实证研究”得出，公众对新闻中报道客体(object)重要性的判定与媒体对议题的侧重有显著性关系[5]，即议程设置第一个层级：大众媒体创造的拟态社会映射公众对现实世界的认知。麦库姆斯发现，在议程设置的第二层级，媒体也告诉公众如何思考[6]。研究者关注到了议程设置与情感属性的关联，侧重媒体报道中的情感属性议程设置(the agenda of affective setting)，属性框架会在一定程度上影响公众的价值判断和认知。

随着研究发现人类认知接近于网络结构化[7]，网络议程设置的第三层次(network agenda-setting, NAS)随即由麦库姆斯和他的学生郭蕾提出并验证。公众认知图景的形成是一系列议题/属性所组成的认知网络结构，多元媒体议程共同形塑，将特定节点相连，构建出对社会现实的认知和判断[8]，该层次的议程设置理论突显出公众认知属性的网络结构化特征。

目前，有学者将网络议程设置理论应用于国际体育新闻研究。在奥运会研究领域，西悉尼大学文化与社会研究所大卫・洛弗(David Lovre)教授在东亚奥运会(2018—2022 年)传播与媒体运行国际论坛上提出“媒介—体育—社会—政治联合体”的概念，深入分析了不同国家和地区的媒体报道东亚举行的三届奥运会的不同立场以及创造叙事的各种方式，发现网络媒体改变了体育报道的常规做法。黄河等学者分析西方媒体对奥运会的报道叙事模式，以此找寻我们的实践对策[9]。

目前大多数研究是由他者视角来看待对本体的议程设置，却忽略了东道国媒体的观点。薛文婷教授在发现这一现状后，从体育对外报道的视角考察我国主流媒体在北京冬奥会中对外报道的媒体议程。当前网络议程设置相关研究试图探寻媒介议程和公共议程的相关性，找到彼此关联网络中的中心节点和密切元素[10]。然而，在体育对外传播领域，仍缺乏主流媒体网络议程设置与受众之间关系的实证研究。在公众层面，有研究认为媒体通过属性议程的设置会引发公众产生同情、悲伤、心痛、遗憾、不幸、妥协等情绪体验[11]。新闻与情感之间的关系为我们提供了一个快速深入发展的研究视角。数字时代提升了普通民众在新闻生产过程中的重要作用。情感化的兴起为人们在社交媒体上叙述故事带来了一种新闻进路(journalistic approaches)[12]。

2. 体育媒介化

媒介化是一个与哲学、文化研究联系密切的媒介社会学理论,"媒介化"概括了多种形态的媒介和信息技术以及在这一逻辑下对社会生活方面的改变。丹麦学者施蒂格·夏瓦(Stig Hiarvard)提出,媒介化是一个文化与社会的主要组成部分和媒介逻辑匹配的过程[13]。用夏瓦的话来说,媒介化研究是能使人更深入地理解媒体是如何对文化和社会变迁做出贡献的一种跨学科研究方法[14]。媒介化已嵌入数字媒体时代的跨文化互动中,对于理解数字媒体时代社会价值和情感的建构产生重要影响。在媒介化的框架下,公众的认知和情感都会受到媒体的中介化作用,形成所谓的"媒介化情感"[15]。

当前,随着媒介化研究的纵深拓展,"媒介体育"在体育与媒介的深度融合下产生。劳伦斯·A. 温纳(Lawrence A. Wenner)和安德鲁·C. 比林斯(Andrew C. Billings)在《体育、媒介与重大事件》(*Sport, Media and Mega-events*)一书中提到,"以体育为中心的媒体奇观远远不止体育本身[16]",使体育媒介化研究与体育重大事件紧密结合。体育媒介化进入了深度发展阶段,其主要表现形态就是体育重大事件[17]。奥运会等大型赛事无疑是体育对外传播中最具吸引力的媒介事件。冬季奥运会作为夏奥会的"表亲",在时间上与夏奥会实现交替之后,通过体育媒介化的不断升级,借助多届奥运会"打包"的电视转播权费用和奥林匹克 TOP 计划,从业余主义跻身全球重大事件[18]。国际奥委会主席托马斯·巴赫(Thomas Bach)先生曾指出,冬奥会可以分为 2022 北京冬奥会之前的和之后的两个阶段,但实际上,全球化与体育媒介化的"合谋"才是冬奥会真正意义上的分水岭。

整体而言,当前国内有关体育媒介化的研究多停留在理论探讨层面,缺少相关实证研究来予以验证。网络议程设置相关研究在研究对象及问题上更侧重于传者,随着受众地位的上升和话语权的增强,对受众端的研究也处在不断探索中。媒体议程设置与受众情感密不可分,却很少将这两者联系在一起探讨。综合来看,本文将以体育媒介化为视角,从网络议程设置理论和受众情感出发,选取中韩两国 2018 年和 2022 年冬奥会主流媒体在 YouTube 上的报道样本,试图回答以下问题,探索后冬奥时代我国主流媒体对外传播的启示并给出相关建议。

(1) 关于体育重大事件,两国主流媒体在 YouTube 上是如何实现网络议程的?有何异同点?

(2) 关于体育重大事件,受众对两届冬奥会媒体报道在情感演变上分别呈现出怎样的趋势特点?有何异同?

(3) 关于体育重大事件两国主流媒体报道呈现出的网络议程与受众的情感分析是否存在显著关联?在哪些议题上存在关联?

二、研究方法

1. 样本来源

ARIRANG NEWS(阿里郎电视台)是一家位于韩国首尔的英文国际电视台,现覆盖超过 188 个国家的近 2 亿个家庭,在海外宣传媒体中具有领先地位,为宣传韩国形象做出了很大的贡献。孙智爱(音译)社长在《周刊韩国》的采访中说道:"阿里郎国际电视台是以外国人为收视群体来制作和播出相关资讯节目的,在宣传韩国方面有着不可超越的优势[19]。"中国国际电视台(CGTN)是我国最重要的外宣主流媒体之一,拥有数量庞大的国际用户群,有超过 4 亿的海外观众及 3 亿多境外粉丝。因此,选择 CGTN 和 ARIRANG NEWS 作为研究对象,分析探究两次冬奥会期间的国际传播更具有典型性和代表性。

在样本选择中,我们曾考虑过是否选择中日韩最近三次奥运会,但因日本 2020 年奥运会是夏季奥运会,在赛事体量、比赛项目、参赛国家等方面与冬奥会有所不同,难以控制变量。我们在研究具有外宣代表性的日本 NHK 电视台时发现,日本 NHK 电视台面向海外的奥运传播战略目前仍主要借助文化栏目与新闻事件[20],在文化符号的选取与传播上尤为重视文化身份的清晰呈现[21]。同时,我们发现东京奥运会相关视频的评论区暂未开放,故不将东京奥运会纳入此次研究。这也启示我们在面对跨文化国际传播过程中的文化误读和文化隔阂时,应保持灵活性和策略性。

2. 数据收集

数据来源方面,本文主要分为数据爬取、数据整理、情感分析以及数据可视化四个部分。

首先使用 Python 抓取 YouTube 平台上 ARIRANG NEWS 账号中的"Pyeongchang 2018 Olympic Winter Games(Pyeongchang 2018 Paralympic Winter Games)"栏目和 CGTN 官方账号的"Beijing2022"栏目的视频标题及用户评论,最终获得 ARIRANG NEWS 的 205 个英文视频报道,CGTN 关于北京冬奥会的 294 个英文视频报道,样本采集时间为 2022 年 6 月 20 日。共采集评论样本分别为 1 158 条和 5 955 条。

对爬取的数据进行整理,按时间顺序对视频进行排列。对评论进行整理,在剔除 emoji 表情、无意义符号等内容后,保留英文、中文、日文、俄文等用户评论,共计 6 548 条有效评论。

随后采用主题模型法对两个媒体的议程设置进行分析,主题模型(topic modeling)多被用于主流媒体的网络议程设置[22]。本文采用基于 LDA 算法[23]的主题模型作为自动发现和理解潜在主题结构的统计工具,可用于对视频题目进行主题分类。从本文需求出发,LDA 主题模型方法分为以下几步:①借助 TF IDF(term frequency inverse document frequency)算法对主题进行词频分析;②选取主题数目,通过 LDA 算法对得到的词频矩阵进行主题分析,得到主题数量及相应主题词分类;③为确定主题准确含义,两名研究者阅读所有关联词并共同确定能代表该主题内容的标签,即报道主题。

除此之外,我们还使用 Python 中的 Textblob 情感分析模块对每条评论进行情感分析并赋值,分值范围为−1 到 1。小于 0 表示评论情感偏负面,大于 0 偏正面。

最后对数据进行可视化操作：

(1) 对各个主题的视频题目数量进行统计并制作柱状图；

(2) 采用 NLP -情感分析进行评估，统计各个视频下的评论情感得分（*score*），并加入观看量（*wn*）、点赞数（*nn*）以及评论数量（*cn*）的加权修正，具体公式如下：

$$final\ score = score + wn\,\mathbf{max}\,wn + nn\,\mathbf{max}\,nn + cn\,\mathbf{max}\,cn$$

(3) 以视频发布顺序对视频进行编号，每十个视频为一个分析点，对每个分析点的受众反馈分值(final score)取平均值作为纵坐标，得到受众反馈分值随时间变化的折线图；

(4) 在各分析点统计每个主题的数量，得到不同主题数量在每个时间段变化的折线图。

三、主要发现

构建共词矩阵的前提是需要对相应的属性关键词进行提取。利用计算和人工协作的方式对文本词汇进行分类标注，分别选取 3 个和 5 个主题，每个主题 10 个属性关键词，共用 80 个属性关键词来构建共词矩阵，其中根据 LDA 模型对属性关键词概率分布进行分析，经两名研究人员筛选整理后得到最后的主题分布。

1. 主流媒体报道网络议程设置分析

1) ARIRANG NEWS 平昌冬奥会报道的议程设置

研究发现，ARITRANG NEWS 平昌冬奥会报道包括“体育赛事消息”“赛事成功筹办”“国际交流与合作”3 类议题(见表 1、图 1)。体育赛事消息(44.9%)是平昌冬奥会最主要的议题，涵盖运动项目介绍、运动员报道等内容。在运动项目中，短道速滑占有较大比重。在运动员报道中，多为韩国短道速滑运动员，针对冰球这一优势项目也多侧重于对运动员团队的报道。有 42.0%的报道涉及 2018 年平昌冬奥会的筹备，包括迎接平昌冬奥会的活动，以及各国借此呼吁世界和平的美好祝福。例如，国际奥委会主席巴赫对奥运会表示期待，社会各界也表达了美好的祝愿。同样，有 13.1%涉及国际交流与合作，国际奥委会通过举办新闻发布会等形式表达了对朝鲜参加平昌冬奥会的支持和欢迎，对促进朝鲜局势缓和有一定的积极推动作用。除此之外，主题 2 中“torch”“relay”等词多伴随着“peace”这一关键词。在国际交流与合作中，主要聚焦朝鲜半岛关系，ARIRANG NEWS 也在一段时间内集中报道了关于朝鲜派出 22 名运动员参加平昌冬奥会的新闻。

表 1　ARIRANG NEWS 平昌冬奥会报道的主要议题

主题	议题标签	主题聚类关键词	百分比/%
1	体育赛事消息	robin round; Choi Min Jeong; world; track; short; underway; competition; skater; speed; distract; Tae-yun; athl-etes; Korea; winter; olympics; team; hockey; curling; women; ice	44.9

续 表

主题	议题标签	主题聚类关键词	百分比/%
2	赛事成功筹办	joint; form; Olympic; agree; wishes; sends; best; day; winter; Pyeongchang; paralympics; schedule; Korea; particip-ation; meeting; convene; support; IOC; torch; relay; peace	42.0
3	国际交流与合作	athletes; Pyeongchang; compete; north; IOC; inspection; opens; olympics; send; press; main; expected	13.1

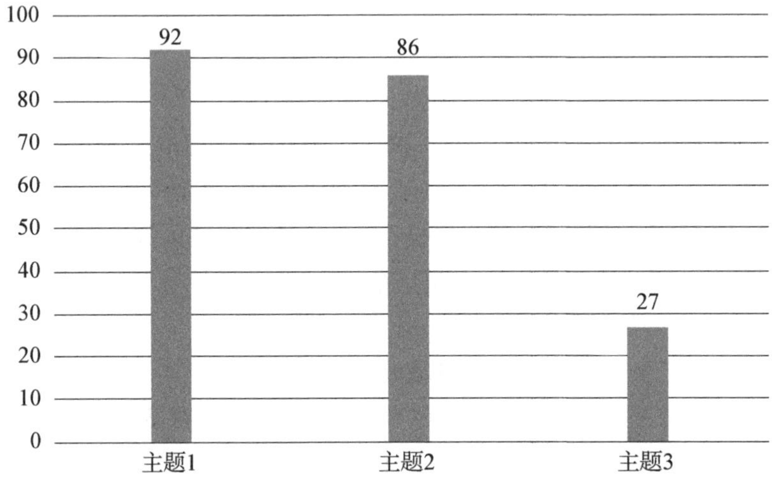

图 1 ARIRANG NEWS 平昌冬奥会报道各主题视频数统计

2) CGTN 北京冬奥会报道的议程设置

CGTN 的报道包括“国际关系与政治”“体育赛事消息”“赛事成功筹办”“科技、绿色与经济”“赛事服务与保障”5 类议题(见表 2、图 2),形成了较为丰富的媒体网络议程。

表 2 CGTN 北京冬奥会报道的主要议题

主题	议题标签	主题聚类关键词	百分比/%
1	国际关系与政治	Xi Jinping; paralympics; Beijing; 2022; attends; winter; ceremony; opening; hails	12.2
2	体育赛事消息	paralympics; hockey; touching; mom-ents; ceremony; opening; player; exclusive; 2022; sports; star; CGTN; inspires; team; skiing; children; athletes	14.3
3	赛事成功筹办	2022; Beijing; winter; games; China; CGTN; humans; olympics; winter; president; arrive; success; Bach; CMG; commemorative; representatives	56.1

续 表

主题	议题标签	主题聚类关键词	百分比/%
4	科技、绿色与经济	5G; parasports; issues; paper; white; paralympics; China; train; live; winter; stable; signal; express; Bing dwen dwen; cauldron; paralympic; ceremony; open-ing; 2022; Beijing	12.6
5	赛事服务与保障	service; visit; center; repair; paralympics; olympic; winter; museum; displays; volunteers	4.8

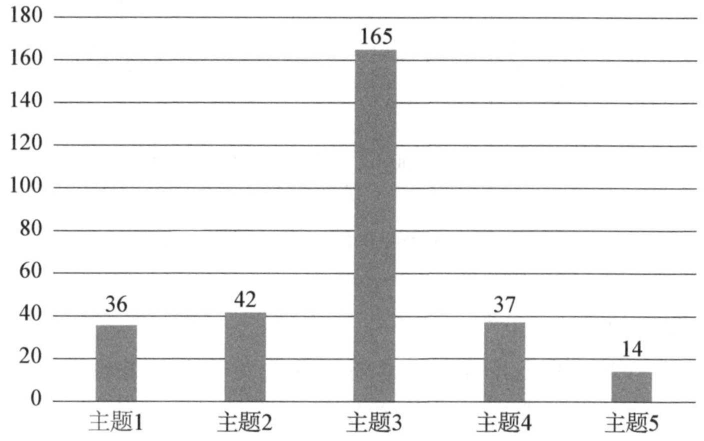

图 2　CGTN 北京冬奥会报道各主题视频数统计

国际关系与政治(占比 12.2%)主要涉及首脑外交主体,包括国家元首、政府首脑、政府最高领导人等进行的外交活动。“奥运外交”为首脑外交赋予了强劲的生命力,作为国际大型体育赛事传播的公共外交主导力量,它扮演了重要的“润滑油”角色,有利于引导各国民众建立友好关系。

体育赛事消息(占比 14.3%)主要包括体育项目、运动员、运动队等,多通过“人”这一元素来报道相关信息。例如,日常百姓的体育锻炼,小孩子的冰雪运动训练,以及体育明星的训练和日常生活等。

赛事成功筹办是媒体议程中最多的主题,占比 56.1%,超过半数,呈现突出优势。CGTN 多从宏观上对赛事的举办筹备进行报道,例如,从北京冬奥会的办赛理念、赛前筹备以及举办工作等视角出发。

科技议题包括 5G、高铁、赛场制冰、运动科技、转播和表演技术等科技冬奥内容;绿色议题涉及开幕式中传播的可持续发展、创新理念等环保信息;经济议题侧重于冬奥会背景下冰雪运动激发出的体育产业活力,以及体育周边产品(如吉祥物冰墩墩)的消费问题。

赛事服务与保障是本届北京冬奥会的重要议题,该主题下的议程设置主要分布在赛事举办之前和之后(见图 3)。虽整体占比不多,但涉及方面较广,例如,赛事方提供的服务,国外运动员的入住情况，奥运村、赛事场馆内外的保障措施，以及志愿服务者的台前幕后故事。

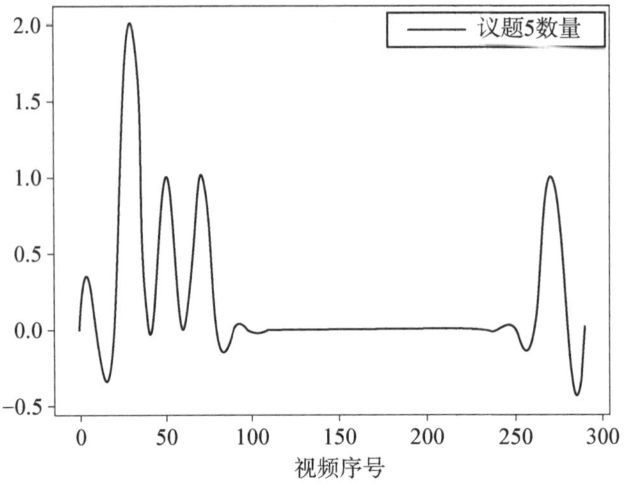

图 3　赛事服务与保障主题视频数量曲线

2. 受众情感演变分析

1) ARIRANG NEWS 平昌冬奥会受众情感变化趋势和显著特点

在 205 个视频中，总体情感正向占比较多，约 97%，出现一个明显波峰和 3 个小波峰。波峰分布较靠前，呈“先热后冷”的状态。其中在 25—30 编号视频中，情感出现明显的负向倾向，综合 ARIRANG NEWS 议程和网民情感反响情况来看，这期间视频主题主要是对运动员表现的失望以及部分民众对 2020 东京奥运会在疫情背景下开展的担心和抵触心理(见图 4)。

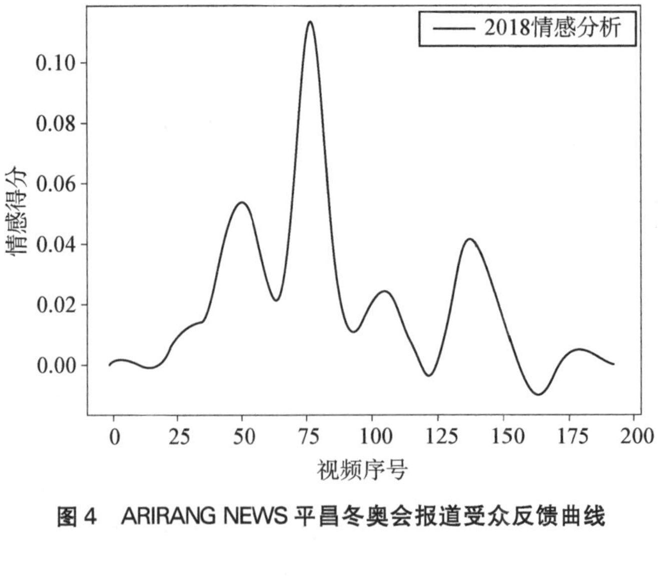

图 4　ARIRANG NEWS 平昌冬奥会报道受众反馈曲线

在第 75 个视频左右正向情绪达到最大值，即举办前夕和倒计时日附近。原因在于冬奥会筹办及运动员团队作战引起正向情感共鸣，具体主要表现在奥运村的基础设施保障服务和志愿者人员培训，冰球队首战以及兴奋剂禁令的推翻等。总体来看，受众对公正开放、和平合作等议题易产生共情，对赛事方承诺的安全办赛理念充满期待。

在举办中后期出现小的波峰，呈现不同程度的正向情感波动，这期间主要是运动员在赛场的优秀表现、争金夺银的相关报道，例如，2018 年平昌冬奥会的最后一天，韩国的冰壶和雪橇队争夺金牌以及冬奥会接近尾声的复盘总结。

2）CGTN 北京冬奥会受众情感变化趋势和显著特点

在北京 2022 年冬奥会的受众情感分析图中可见，总体情感正向，占比约 98%，未出现明显负向情绪，波峰较多且分布密集，这跟议题的丰富性也有相关联系。波峰分布较靠后，呈“先冷后热”的状态，共有 2 个大波峰，和 5 个小波峰，走向呈上升、下降、再上升和再下降的趋势(见图 5)。

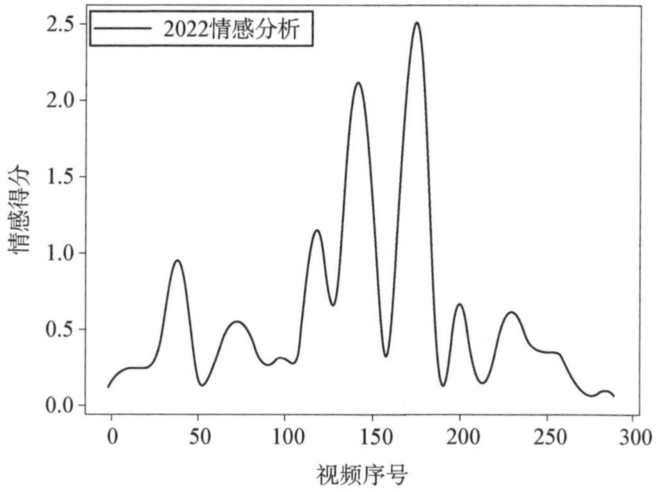

图 5　CGTN 北京冬奥会报道受众反馈曲线

第一波峰的出现与张艺谋导演的开幕式赢得好评有关，第二波峰是探秘冬奥会场馆制冰背后的技术。同时，两大波峰也皆在国际关系与政治主题下产生，在第一个波峰中，相关报道议题为国家主席习近平和夫人彭丽媛为出席冬奥会嘉宾设宴以及习主席会见时任塞尔维亚副总理武契奇。第二个波峰中为巴基斯坦总理抵达中国参加北京冬奥会。在第三个小波峰中，出现了国际奥委会召开相关会议以及国家领导人的外交访问等新闻报道。第四个波峰中出现在奥运会筹备前期，主要是对冬奥相关人物专访和冬奥会迎接准备活动报道。第五、第六个波峰在奥运会结束后出现，关注包含生活类的报道，冬奥运动员的故事、生活新动态，以及网络上的其他热点话题。

3. 议程设置建构与受众情感演变分析

1）平昌冬奥会的网络议程与受众的情感分析

通过对比发现，2018 年平昌冬奥会情感评分变化趋势与媒体议程设置主题显著一致。计算两组数据皮尔逊相关系数,结果为 $\rho=0.861$,说明两者具有较为明显的相关性。

纵观来看两者呈负相关(见图 6),具体表现为随着体育赛事消息数量的增加,受众反馈分值下降,原因是韩国短道速滑及冰球队的比赛引发观众不满情绪,对于裁判判罚的公平性产生质疑。

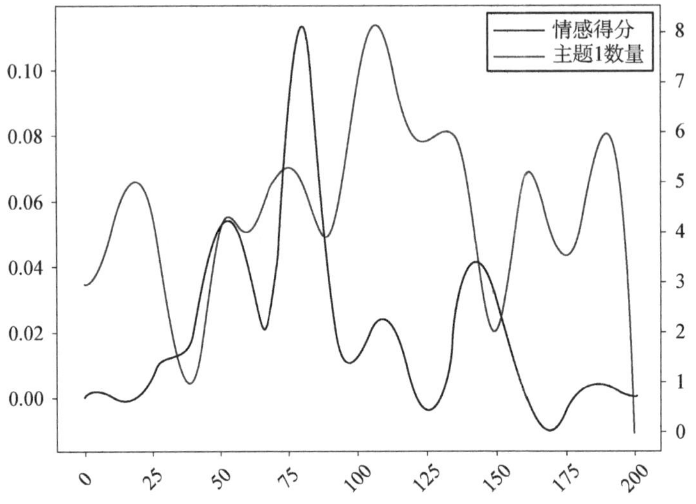

图 6 平昌冬奥会主题 1 体育赛事消息和受众反馈整合图

在赛事成功筹办主题上,受众反馈在赛事举办期间呈正相关关系,赛前和赛后呈负相关关系。虽然赛前媒体造势数量较多,但受众情感处于不温不火的状态。赛后随平昌冬奥国际舆论遇冷,也出现传播效果不力的局面(见图 7)。

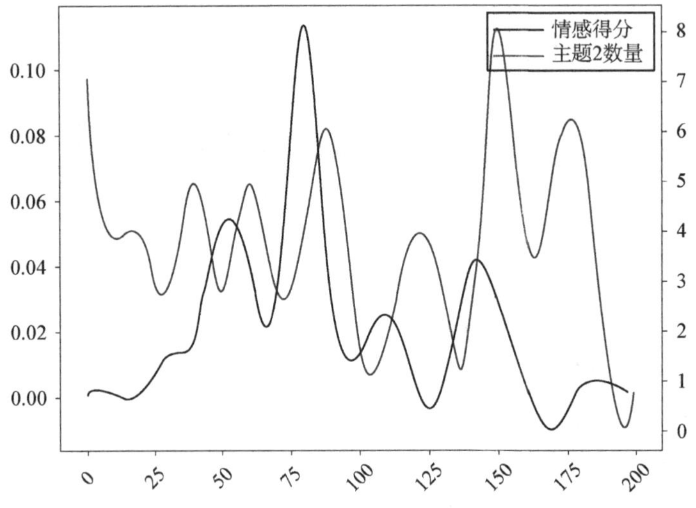

图 7 平昌冬奥会主题 2 赛事成功筹办和受众反馈整合图

2）北京冬奥会的网络议程与受众的情感分析

通过对比发现，CGTN 在 YouTube 平台上关于 2022 年北京冬奥会的视频下受众情感变化趋势与媒体议程设置主题显著一致。计算两组数据皮尔逊相关系数，结果为 $\rho=0.782$，两者具有一定相关性。

整体而言，在国际关系与政治，体育赛事消息，科技、绿色与经济主题的报道上，由高到低呈现不同程度的正相关关系（见图 8），而在报道主题占比最多的赛事成功筹办上，却呈现负相关的关系（见图 9）。

主题 1：国际关系与政治

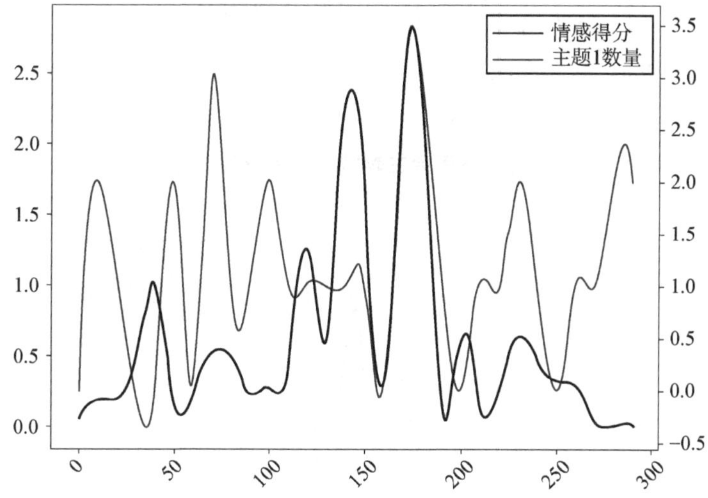

主题 2：体育赛事消息

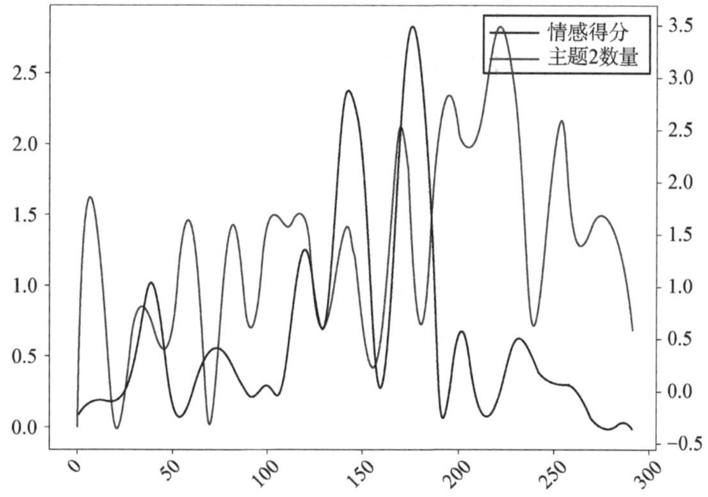

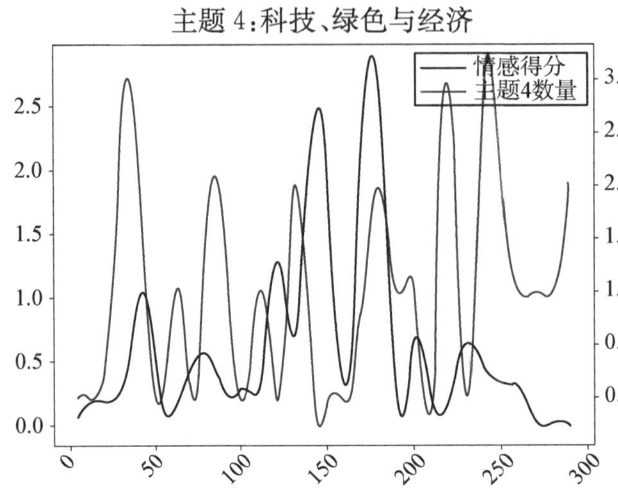

图8　北京冬奥会主题数量和情感评分整合图

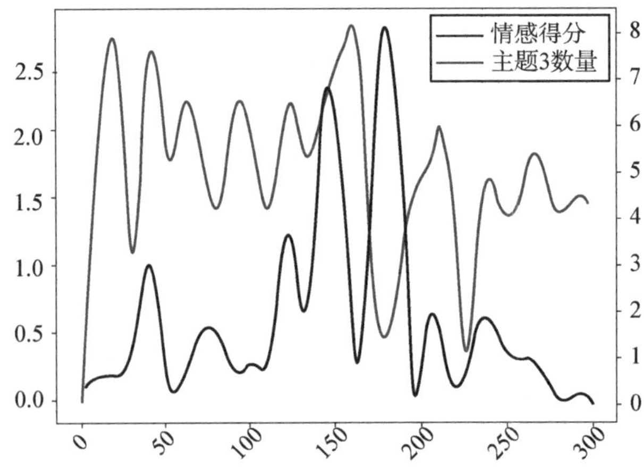

图9　北京冬奥会赛事成功筹办主题数量和情感评分整合图

四、结论

在议程设置内容上,韩国主流媒体在海外社交平台 YouTube 上更侧重体育报道,着眼点更贴近体育本身,更具体和微观,偏向赛事、赛程本身的报道,对冬奥会中的体育元素更为重视。中国主流媒体则偏宏观,多重视冬奥会这类体育重大事件背后国家形象的建立,导向性更明确。

在议程报道方式上,韩国主流媒体的网络议程相对而言较为单一,体育对外传播体系还有待完善。中国主流媒体的议程设置则更多样化,涉及面更广。同时,两国主流对外媒体在海外平台上观看量、评论数和点赞量的差距略大。中国媒体的一些持续性和追踪性报道,让冬奥热度没有很快消失,带来积极的奥运后续效应,体现推动奥林匹克运动可持续发展的理念。在一定意义上，这有助于改善和维护我国国家形象，也是后冬奥时代我国主流媒体体育对外报道值得继承和发扬的经验。

另外，2022 年北京冬奥会作为一届具有特殊意义的冬奥会，在学习总结提升 2020 年东京奥运会办赛经验后进行了资源优化配置。媒体对相关问题的主动报道，表明态度和立场，全球受众对赛事的关注，对线上办赛的包容、共情，体现出人们对美好世界的追求和向往，有助于推动构建人类命运共同体理念进一步深入人心。

关于对我国主流媒体体育对外报道议程设置的启示，无论国籍、地域和文化，和平、经济、文化、安全、环境等媒体议程，都有助于激发人们的积极情感。在社交平台上，媒体的传播效果不仅源于报道本身，用户的参与和互动也能提升热度和影响力。运用社交平台的叙事策略，在体育媒介化深度发展的当下，想要讲好中国故事，讲好体育故事，要少些生硬的“自夸”，借“他塑”来实现自塑，不能走上自说自话的道路，不能单纯地进行思想灌输。主流媒体需要提前制定议程设置思路，完善体育对外传播矩阵，方能更好地引导国际舆论。同时，要结合西方媒体的关注重点和舆论方向，了解国际体育受众情感分布，引发共情传播，弥合高语境文化和低语境文化中的中外语境距离，增进国际受众的情感认同，让世界了解真实的中国。

从中国开展数字公共外交来看，中国与世界关系正在发生深刻变化，特别是在媒介化深度发展的背景下，对外传播主流媒体开展数字公共外交，进一步增进国际对我国的理解和接受，显得尤为重要。2022 年是中韩建交 30 周年，也是中日邦交正常化 50 周年，中日韩三国须携手增进交流。促使体育对外传播更好地服务于人类命运共同体，实现世界体育命运共同体的全球愿景。

参考文献

[1] 国际奥林匹克委员会(简称：国际奥委会，IOC)[EB/OL].(2012-07-13)[2022-03-12). https://www.sport.gov.cn/n4/n14741/n14751/c734672/content.html.

[2] 阮益嫘.中外学者共话东亚奥运传播内涵[N].中国社会科学报，2022-04-29(3).

[3] 奥林匹克转播服务公司：北京冬奥会成为迄今收视率最高的冬奥会[EB/OL].(2022-02-17)[2022-03-12].https://www.sohu.com/a/523348509_121256531.

[4] 周榕，吕诗俊，张德胜.奥运会中的跨文化共情传播与实践创新路径——对 2022 年北京冬奥会传播的思考[J].新闻与写作，2021(10)：100-104.

[5] McCombs M E, Shaw D L. The agenda-setting function of mass media [J]. Public opinion quarterly, 1972,36(2):176-187.

[6] McCombs M, Llamas J P, Lopez-Escobar E, et al. Candidate images in Spanish elections: second-level agenda-setting effects [J]. Journalism & mass communication quarterly, 1997,74(4):703-717.

[7] 史安斌，王沛楠.议程设置理论与研究 50 年：溯源·演进·前景[J].新闻与传播研究 2017(10)：13-28,127.

[8] Guo L. A theoretical explication of the network agenda setting model: current status and future directions[M]//Guo L, McCombs M E. The power of information networks: new directions for

agenda setting. London: Routledge, 2015:21 - 36.
[9] 黄河,李政,杨小涵.西方媒体奥运报道的议程网络特征及北京冬奥会传播对策:基于近6届奥运会新闻报道的语义网络分析[J].上海体育学院学报,2021(5):10 - 20.
[10] 曾振华,曾林浩.网络议程设置:理论、方法与展望[J].江西师范大学学报(哲学社会科学版,2019(6):91 - 99.
[11] Li L. Media salience and the process of framing: coverage of the professor prostitution [J/OL]. Asian social science, 2009,4(10). DOI:10.5539/ass.v4n10p35.
[12] 沃尔-乔根森,田浩.数字新闻学的情感转向:迈向新的研究议程[J].新闻界 2021(7):25 - 32.
[13] 夏瓦.文化与社会的媒介化[M].刘君,等译.上海:复旦大学出版社,2018.
[14] Hjarvard S. Doing the right thing: media and communication studies in a mediatized world [J]. Nordicom review, 2012,33(1):27 - 34.
[15] 白红义."媒介化情感"的生成与表达:基于杭州保姆纵火事件报道的个案研究[J].湖南师范大学社会科学学报,2018(5):139 - 149.
[16] Wenner L A, Billings A C. The curious case of the mega sporting event: media, mediatization and seminal sports events [M]//Wenner L A, Billings A C. Sport, media and mega-events. London: Routledge, 2017:2 - 18.
[17] 魏伟,尚希萌.体育媒介化:从媒介体育到体育重大事件[J].上海体育学院学报,2021(7):44 - 57.
[18] Markula P. Twenty-two Olympic Winters: the media and the (non-) making of the Games [M]//Wenner L A, Billings A C. Sport, media and mega-events. London: Routledge, 2017:69 - 84.
[19] 金虎.浅析韩国文化的宣传和传播[J].新闻传播,2014(74):193.
[20] 魏然.日本NHK的2020年奥运会传播战略及启示[J].中国电视,2016(9):97 - 101.
[21] 范红,苏筱.国家形象与文化符号体系的战略传播:基于日本文化符号传播实践的考察[J].现代传播(中国传媒大学学报),2022(6):77 - 86.
[22] Wu K. Agenda-setting in cross-national coverage of COVID - 19: an analysis of elite newspapers in US and China with topic modeling [J]. Online journal of communication and media technologies, 2021,11(4):e202116.
[23] Blei D M, Ng A Y, Jordan M I. Latent dirichlet allocation [J]. Journal of machine learning research, 2003(3):993 - 1022.